Beppe Grillo
Gianroberto Casaleggio
Dario Fo

ÜBER DEMOKRATIE, ITALIEN UND DIE

ZUKUNFT EUROPAS

STERNE

AUS DEM ITALIENISCHEN VON CHRISTINE AMMANN,
ANTJE PETER & WALTER KÖGLER

www.tropen.de
Die Originalausgabe erschien unter dem Titel
»Il Grillo canta sempre al tramonto« im Verlag Chiarelettere, Mailand
© 2013 by Chiarelettere editore srl
Für die deutsche Ausgabe
© 2013 J. G. Cotta'sche Buchhandlung
Nachfolger GmbH, gegr. 1659, Stuttgart 2013
Alle deutschsprachigen Rechte vorbehalten
Printed in Germany
Schutzumschlag: Herburg Weiland, München
Foto von Beppe Grillo (S. 1) © XianPix/Corbis
Gesetzt von Dörlemann, Lemförde
Gedruckt und gebunden von Friedrich Pustet
GmbH & Co. KG, Regensburg
ISBN 978-3-608-50324-1

Bibliografische Information der Deutschen Nationalbibliothek
Die Deutsche Nationalbibliothek verzeichnet diese Publikation in
der Deutschen Nationalbibliografie: detaillierte bibliografische Daten
sind im Internet über http://dnb.d-nb.de abrufbar.

INHALT

PROLOG

Oft muss ich an einen Text denken, der grotesk und tragisch zugleich ist; Lukian von Samosata hat ihn im 2. Jahrhundert nach Christus geschrieben.

Der ursprüngliche Text ist in griechischer Sprache verfasst und trägt den Titel *Das Schiff oder Die Wünsche*. Dabei geht es um einen langen Spaziergang, den Lukian und ein paar Freunde – Samippos und Timolaos sind die redegewandtesten – vom Hafen von Piräus bis nach Athen unternehmen. Sie erzählen einander von den fantastischen Plänen, die sie im Kopf haben und verwirklichen wollen. Lukian gibt sich als Moderator und überhäuft seine Begleiter mit zielgerichteten und oft provozierenden Fragen.

Die Themen der Gesprächsbeiträge reichen vom Surrealen bis hin zum Grotesken, ohne jedoch die tragische Situation aus den Augen zu verlieren, in der Athen und viele andere griechische Städte sich damals befanden. Die Protagonisten schlagen meist gewagte und unrealistische Lösungen vor, um sie aus dieser verzweifelten Lage zu befreien.

Vor einigen Wochen traf ich mich mit zwei außergewöhnlichen Freunden – Beppe Grillo und Gianroberto Casaleggio –, die mir vorschlugen, gemeinsam eine Reise durch unsere verrückte politische, soziale und ökonomische

Landschaft zu unternehmen, das heißt, sich mit der furcht-baren Krise auseinanderzusetzen, die wir gerade durch-leben.

Ich schlug vor, die Reise Lukians von Samosata als Modell zu nehmen, und so geschah es. Machen wir uns also auf den Weg!

Dario Fo

ZENSUR UND VORURTEIL: VOM ALTEN GRIECHENLAND ZUM NETZ

Über die Grenzen des Bekannten hinaus

Grillo Ich glaube, es ist wichtig, am Beginn dieser Reise weit auszuholen, damit wir verstehen, was es heutzutage heißt, zu lernen, was Begriffe wie Geist und Intuition bedeuten, und vor allem, wie man es schaffen kann, das Denken von altbekannten Schablonen zu befreien.

Fo Ich würde euch gern einen großen griechischen Forscher vorstellen: Eratosthenes, ein Mathematiker, Astronom, Geograph und Dichter aus Kyrene (im heutigen Libyen), von dunkler Hautfarbe, heute würden wir sagen: ein Araber. Er war einer der wichtigsten Denker und Intellektuellen unserer Geschichte. In Syène (dem heutigen Assuan) des 3. Jahrhunderts vor Christus hatte Eratosthenes eines Tages einen genialen Einfall: Er schlug in genau dem Moment einen Pflock in die Erde, als die Sonne an ihrem höchsten Punkt stand – dieses Ereignis wiederholt sich nur einmal im Jahr, zur Sommersonnenwende. Dabei bemerkte er, dass die Sonne aufgrund ihres vertikalen Einfalls keinerlei Schatten erzeugte. Die Sonne stand genau senkrecht zur Erde.

Tage zuvor hatte Eratosthenes einen Freund zu Pferd ins 850 Kilometer entfernte Alexandria geschickt und ihm den Auftrag erteilt, am selben Tag und im selben Augenblick einen anderen, völlig gleichartigen Pflock in die Erde zu rammen. Der Freund beobachtete, dass der Pflock einen Schatten von zwei Spannen warf. Da Eratosthenes die Höhe der Pflöcke und die Entfernung zwischen den beiden Städten kannte, berechnete er, dass die einfallenden Sonnenstrahlen in Alexandria einen Winkel von 7° 12' bildeten, was dem Fünfzigstel eines vollständigen Kreisumfangs entspricht. Der Gelehrte brauchte daher nur noch die Entfernung zwischen Syène und Alexandria mit 50 zu multiplizieren, um den Erdumfang nahezu exakt zu bestimmen.

Grillo War er sich bewusst, was für eine Entdeckung er da gemacht hatte?

Fo Gewiss doch! Denn er besaß Vorstellungskraft. Er konnte ein gewöhnliches Bild in eine Dimension übertragen, die alle Grenzen sprengte. Mit Hilfe des Wissens kann man Dinge, Fakten und Situationen und die Logik in einer anderen Größenordnung betrachten. Das nenne ich Intelligenz. Aber um sie zu nähren, braucht man eine fachgerechte Schulung, in dem Sinne, wie man das Wort »Schule« in der Renaissance verstand: Man studiert Theorien, aber auch praktische Methoden, um die Theorien überprüfen zu können. So entfaltet sich Wissen, Bewusstsein.

Grillo Die Schule habe ich immer und in erster Linie als einen Ort betrachtet, an dem man Biologie, Physik und Chemie studiert, um den Aufbau der Natur zu erfassen und in Experimenten zu überprüfen. Aber wenn wir die Naturwissenschaften dort anwenden, wo wir leben, dann wäre das die beste Methode, um zu begreifen, dass Wissen konkret ist und unsere Art zu leben prägt.

Fo Ich denke hier an Leonardo. Er schulte sich in der Werkstatt großer florentinischer Meister, sein Wissen aber hat er in Mailand erlangt und umgesetzt, auf der Baustelle, in den Gebäuden, die er schuf, bei den Brücken und Schleusen, die er zur Steuerung und Regulierung der Gewässer baute.

Wir wissen, dass er Beziehungen zu hervorragenden Wissenschaftlern, Ärzten und Gelehrten pflegte, die sich mit der Sonne, der Erde und ihren Bewegungen beschäftigten. Nur wenige Zeitgenossen sprachen damals über die Rotation der Erde und der Sterne ringsherum. Leonardo verfügte über ein für seine Zeit einzigartiges Bewusstsein. Das kann man aus den Aufführungen für die höfischen Feste erschließen, die er gestaltete: Über dem Bühnenraum brachte er große Kugeln an, die um einen riesigen Apparat kreisten. Und an den Kugeln hingen, als Allegorie der Schöpfung, nackte Frauen: ein Modell also, das auf einen Raum bezogen war, aber zugleich über den bekannten Raum hinauswies.

Die Wissensvermittlung hat man je nach Epoche unterschiedlich gehandhabt, aber sie wurde dabei immer von der Zensur und den Vorurteilen gegenüber Neuerungen beeinträchtigt. Um sich mit den anderen Gelehrten auszutauschen, notierte Galileo Galilei seine Theorien in einem kaum verständlichen Dialekt, indem er die Dialoge des Schauspielers und Komödiendichters Ruzante nachahmte. So etwa vermittelte er anhand eines Dialogs zwischen einem Bauern und einem Besserwisser neue Erkenntnisse in der Astronomie, und in Anspielung auf die Planeten ließ er Käselaibe und Polentaformen über den Himmel wandern.

Paradoxa, die wie absurdes Gerede erschienen – wie die Visionen eines Verrückten. Seine Theorien aber waren klar und eindeutig, nur eben verpackt, um die verbotene Wahrheit vor der Zensur zu verbergen. Dabei entwarf er eine für uns unermessliche und unvorstellbare Dimension des Universums. Unsere Vorstellung von Unendlichkeit ist ein Nichts gegenüber dem, was Galileo Galilei in der Rolle des Bauern dem verblüfften, konservativen Gelehrten vor Augen stellte.

Von Leonardo und Galilei bis zum Netz

Grillo Dieselbe Diskussion können wir mit Blick auf das World Wide Web führen. Denn dank des Internets steht uns eine unermessliche Vielzahl von Ideen zur Verfügung, und viele tausend kluge Köpfe können sich um eine bestimmte Idee scharen.

Fo Das verstehe ich nicht ganz.

Grillo Wir bewegen uns außerhalb unserer gewohnten Dimension und befinden uns in einem allgemeinen Transformationsprozess, der uns unverständlich erscheint, weil wir mitten darin stecken.

Casaleggio Was du vorhin über das Unmögliche gesagt hast, das möglich wird, erinnert mich an eine Legende über Dschingis Khan und dessen eher schwierige Kindheit: Sein Vater wurde getötet, und er musste mit seiner Mutter und den Geschwistern in die Berge flüchten. Ein feindlicher Stamm nahm ihn gefangen und wollte ihn töten. Viele Jahre lang war er gezwungen, in Armut zu leben und sich von dem zu ernähren, was er gerade vorfand. Aber er hatte immer das Ziel vor Augen, die Rolle des Stammesführers zurückzuerobern, die man seinem Vater entrissen hatte. Eines Tages fand sich dieser Junge, der eben erst dem Kindesalter entwachsen war, vor der Chinesischen Mauer wieder, die nie zuvor ein Mensch bezwungen hatte. Die Legende besagt, dass er mit seinem mongolischen Pferd an der unüberwindlichen Mauer entlangritt und sagte: »Ich werde sie niederreißen.« Damals war er allerdings nur ein Junge auf seinem Pferd …

Grillo Er hatte Probleme …

Fo Wir haben von Leonardo gesprochen, von Galilei, da muss man sich fragen: Woher kommt das Genie und was bringt es hervor? So ist es doch seltsam, dass viele große Männer der Weltgeschichte, berühmte Maler, bedeutende Architekten und Wissenschaftler allesamt Waisenkinder waren: Das gilt für Leonardo und Ruzante; Raffaels Eltern starben, als er noch ein Kind war, Leon Battista Alberti war der Sohn einer Minderjährigen … Wie auch immer, diese mit überbordender Intelligenz ausgestatteten Persönlichkeiten wurden alle oder fast alle von ganz jungen Müttern geboren und wuchsen in äußerst schwierigen Verhältnissen auf, nicht in einer Familie im eigentlichen Sinn. Besteht da ein Zusammenhang? Ist es ein Zufall oder lässt sich hier eine besondere Verbindung erkennen?

Grillo Naja, der Zufall spielt eine große Rolle. Es gibt Wissenschaftler, die zu spektakulären Ergebnissen gelangen, aber in einigen Fällen ist ihnen das nicht voll und ganz bewusst. Da fällt mir der deutsche Chemiker Otto Hahn ein, dem 1944 der Nobelpreis zuerkannt wurde. Er entdeckte mit Hilfe seiner Kollegin und Freundin, der österreichischen Physikerin Lise Meitner, die Kernspaltung. Aus den USA schrieb ihm Meitner, er habe ganz offensichtlich das Atom in zwei Teile gespalten, ohne die Bedeutung dieses Experiments wirklich zu erfassen. Meitner hatte die Bedeutung von Hahns Entdeckung hingegen sehr wohl erkannt und lieferte die theoretische Erklärung für die erste Kernspaltung, die Otto Hahn gelungen war. Er erhielt den Nobelpreis, sie nicht, nur einige Würdigungen und den einen oder anderen Forscherpreis.

Casaleggio Halt, hier müssen wir eine Entscheidung treffen. Die Straße teilt sich. Gehen wir nach rechts oder nach links?

Fo Ist das eine politische Richtungsentscheidung?

Grillo Die ist nicht nötig. Seht mal, dort rechts liegt ein abgerissenes Schild. Wir müssen geradeaus gehen, dort rauf und dann weiter. Das ist unser Schicksal.

Fo Worüber sprachen wir gerade?

Grillo Über die Zufälligkeit von Ereignissen und die Individualität des Denkens.

Casaleggio Ich glaube, dass wir – aus Konformismus und um uns Legitimation zu verschaffen – dazu neigen, das zu sagen, was man von uns hören will. Ich sage lieber, was ich denke, und die anderen können mir zustimmen oder mir widersprechen. Das ist sportlicher.

Fo Genau andersherum denkt ein gewöhnlicher Politiker … Es genügt, in diesen Tagen einmal den Fernseher einzuschalten, wo Leute wie der Bunga-Bunga-Berlusconi auftauchen, ihre Ammenmärchen und ihre verlogenen Versprechen verbreiten (»Alle Steuern müssen gesenkt werden«). Und dann ist da sofort wieder so einer mit einem aalglatten, unterwürfigen Gesicht, der von Gerechtigkeit faselt: »Die Reichen werden im Verhältnis mehr bezahlen als die Armen«, »Schaffen wir die Immobiliensteuer ab und besteuern wir doch alles neu und einfach« …

Casaleggio Deshalb meine ich, dass wir uns etwas Originelles einfallen lassen müssen, um wirklich etwas zu verändern. Die Bewegung hat das gesamte System gegen sich, nur wenige sind auf unserer Seite. Wie Ennio Flaiano sagte, werden die anderen möglicherweise den Siegern zu Hilfe eilen, wenn die Bewegung Erfolg haben sollte. Das ist ein alter Nationalsport.

Ohne ›Leader‹. Grillos Blog

Casaleggio Eine Veränderung spiegelt sich auch in der Sprache wider, im Satzbau, in der Syntax. Alles läuft über die Sprache: Zum Beispiel das Wort ›Leader‹. Für die 5-Sterne-Bewegung ist es ein Begriff aus der Vergangenheit, eine abgenutzte, missbrauchte Bezeichnung; ›Leader‹ wovon? Es bedeutet, du gibst den Verstand und die Entscheidungsfähigkeit aus der Hand, du bist also nicht einmal mehr ein Sklave, nur noch ein Objekt. Bei den Vorwahlen des PD wurde ein Leader des Mitte-Links-Bündnisses bestimmt, aber was heißt das? Wenn wir das Wort und die Bedeutung des Wortes analysieren wollten …

Fo Genau das müssen wir tun …

Casaleggio Hinter dem Wort ›Leader‹ steckt nichts. Nehmen wir etwa Occupy Wall Street: In New York hat sich eine spontane Demonstration gegen die Kreditinstitute gebildet, bei der sich die Demonstranten selbst als

»Occupy Wall Street« definierten und in das Bankenviertel eingedrungen sind – das Phänomen hat sich dann ausgeweitet: »Occupy Madrid«, »Occupy Toronto« ... Der Name wurde zum Slogan, aber bei all diesen Protesten ist nie ein Leader in Erscheinung getreten; Die Bewegung selbst war das, worauf es ankam. Der Anthropologe und anarchische Aktivist David Graeber, Verfasser von »There Never Was a West: Democracy as a form of interstitial cosmopolitanism«, der zu den Organisatoren der Bewegung gehört, definierte sie als *leaderless*, also als Zusammenspiel von intelligenten Individuen, die nicht auf einen übergeordneten Chef Bezug nehmen, und das ist im Begriff Gemeinschaft eigentlich enthalten. Man denke an die Gemeinschaft der Amischen.

Fo Ach, die Amischen! Großartige Leute sind das! Und die fruchtbarste Gemeinschaft der Welt: Jedes Paar muss mindestens acht Kinder haben, sonst kann die Ehe aufgelöst werden. Sie verabscheuen alle Errungenschaften der modernen Technologie, nur nicht die erneuerbare Energie: Sonne, Wind und Wasserkraft. Oh, Pardon, ich rede wie ein Oberlehrer.

Casaleggio Macht doch nichts, das tue ich auch. Der Gemeinschaft der Amischen lässt sich kein Anführer zuordnen; wenn man an die USA denkt, kommt einem dagegen sofort Obama in den Sinn. Das sind zwei vollkommen verschiedene Welten. Ja, durch das Internet entstehen alle möglichen Communitys, von Anfang an, also seit es das Netz gibt. Es können Gemeinschaften jeder Art sein, auch politische; die Bewegung ist auch so eine politische Gemeinschaft. Eine Parole lautet bei uns: »Wir lassen keinen zurück«, es ist ein Slogan der Gemeinschaftlichkeit.

Fo Wunderschöner Slogan! Um aus einem gewohnten Denkschema auszusteigen, muss man wirklich eine neue Sprache erfinden, und das löst wiederum eine Revolution aus. Es gibt Ausdrucksweisen, die man eigens dafür konstruiert hat, um bestimmte Leute und Gruppen außen vor zu lassen! Was gibt es Größeres als eine Revolution? Die Französische Revolution hat die alten Begrifflichkeiten der Aristokraten mit ihren Plattitüden, affektierten Schnörkeln und sinnlosen Worthülsen völlig über den Haufen geworfen. Diese Wende war nicht nur für die Entstehung des modernen Französisch, sondern aller europäischen Sprachen ausschlaggebend.

Casaleggio Sie hat Begriffe geprägt. Das Wort *leaderless* ist ein neues Wort, das es vorher so nicht gab. Das Internet fördert solche lexikalischen Veränderungen. Beppe und ich üben uns im Blog jeden Tag darin, denn wir schreiben die Texte gemeinsam.

Fo Viele brennen darauf zu wissen, wie ihr das macht …

Grillo Das Posting erfolgt jeden Tag nach fünf bis sechs Telefonaten, in denen wir das Thema auswählen. Gianroberto fasst zusammen, ich analysiere. Ich rede und rede und rede … Alles entsteht aus dem Austausch und aus dem Gespräch heraus.

Casaleggio Manchmal sage ich auch etwas …

Grillo Manchmal lasse ich ihn reden.

Casaleggio Danke …

Fo Wie großzügig du bist.

Grillo Vor einiger Zeit hat jemand eine pseudowissenschaftliche Analyse unserer Sprache in den Blog gestellt, bei der herauskam, dass fünf verschiedene Persönlichkeiten beteiligt seien … fünf unterschiedliche Autoren!

Casaleggio Ja, auch in dem Buch *Chi ha paura di Beppe Grillo**, einem der ersten Bücher, die über uns geschrieben wurden, kam man zu dem Ergebnis, es seien mindestens fünf verschiedene Personen als Autoren beteiligt. Grundlage war eine philologische Untersuchung der Sprache. In Wirklichkeit schreiben nur wir beide die Texte, aber niemand kann erkennen, was von mir und was von ihm stammt. Man hat uns als Autor mit sieben Köpfen bezeichnet, denn einige Texte sind satirisch, andere konzeptionell geprägt, in anderen wiederum geht es um Politik und soziale Fragen, und alle sind in einem jeweils anderen Stil verfasst.

Satire und Politik

Casaleggio Eben war vom Gebrauch der Sprache die Rede, davon, wie neue Ideen über eine veränderte Sprache transportiert werden. Wir haben versucht, die politische Sprache neu zu definieren. Man hat uns daraufhin vorgeworfen, dass wir unsere Politiker in beleidigender Form angehen. Wir wenden die sarkastische Verdrehung der Sprache auf die Politik an und mischen dabei absichtlich verschiedene Bedeutungsfelder. Auf diese Weise machen wir uns besser verständlich, die Ideen kommen schneller an.

---

* Federica De Maria, Edoardo Fleischner, Emilio Targia: *Chi ha paura di Beppe Grillo*. Selene, Mailand 2008 (A. d. Ü.).

Fo (*zeigt nach vorn auf eine große Anlage am Rand eines großen Waldes*)

O mein Gott, wo sind wir denn hier gelandet? Es stimmt, dass ich viele Jahre nicht mehr auf der Peleponnes gewesen bin, aber an dieses riesige Theater kann ich mich überhaupt nicht erinnern.

Casaleggio Donnerwetter, es ist wirklich groß, mit diesen vielen steilen Treppenaufgängen: Das muss Epidauros sein.

Fo Nein, Epidauros liegt mindestens 100 Kilometer von hier. Vielleicht ist es Astanasos, ein Theater aus dem 4. Jahrhundert, das die Römer restauriert haben.

Grillo Sie arbeiten immer noch daran, sieh mal dort, die Lastwagen, die in das Halbrund hineinfahren.

Fo Aber was haben sie denn geladen?

Grillo Abfall, Müll …

Casaleggio Tja, sie machen aus einem Theater eine Müllhalde!

Fo Das ist ja abartig!

Grillo Das sind sicher illegale Deponien, wie sie bei uns im Süden oder auch an der Peripherie von Rom vorkommen.

Fo Da hört doch wirklich alles auf: die Tribünen eines Theaters, die zu einer Mülldeponie verkommen.

Casaleggio Gibt es denn keine Aufsicht, keine Polizei …?

Fo Als wir vom Hafen von Piräus losgegangen sind, haben wir eine Menge Polizei gesehen.

Grillo Tja, um all die Touristen zu schützen, die mit ihren Kreuzfahrtschiffen ankommen.

Casaleggio Genau, viele sagen, ohne Monti würden wir

in Italien so enden wie Griechenland: in Hunger und Chaos. Und hier ist unser nächstes Etappenziel zu besichtigen, auch wegen Monti.

Fo Gehen wir weiter, weg von hier, ich bekomme Bauchschmerzen. Worüber sprachen wir?

Um die Zensur zu umgehen

Casaleggio Wir haben über die Sprache geredet, darüber, wie man sich von Banalitäten und Gemeinplätzen befreien kann. Apropos: Ich wurde einmal zu einem Treffen eingeladen, an dem auch Romano Prodi teilnahm. Als wir uns sahen, war es ihm wichtig, mir mitzuteilen, dass Komik eben Komik sei und Politik Politik. Man müsse sich entscheiden, ob man sich der Sprache des Politikers oder der des Komikers bediene. Zwei Gleise, ohne Weiche dazwischen. Aber die Leute denken nicht so: Walter Veltroni (PD) ist jetzt für die Internetbenutzer »Topo Gigio« (die Weltraummaus), Präsident Giorgio Napolitano »Morfeo« (Morpheus). Die Namen haben sich sehr schnell durchgesetzt.

Fo Aber sie bekommen das gar nicht mit. Um es frei nach Sokrates zu sagen, sie wissen nicht, dass sie nichts wissen. Für sie ist die Politik niemals Ironie, Komik, und nie fragen sie sich, woher Satire und Groteske kommen. Es ist ihnen nicht klar, dass der Humor der höchste kulturelle Ausdruck einer Gesellschaft ist.

Wenn man die verschiedenen Formen der Malerei analysiert, wird man feststellen, dass einige große Meister, von

Leonardo über Michelangelo, Raffael und Brueghel bis hin zu Giotto eine gehörige Dosis an Ironie, Groteske, verrückter Magie und noch vieles andere aufweisen, was allerdings bisher kaum einer erkannt hat.

Casaleggio Es erkennt nur der, der sich wirklich mit einem Künstler auseinandersetzt. Im Gegenteil, der normale Kritiker bemerkt nicht einmal, wenn der große Meister in seinem Bild eine ironische oder groteske Geschichte erzählt, in deren Zeichen- und Bilderfolge die Wut gegenüber einer Gesellschaft, bestimmten Lebensumständen, der Unfreiheit und all dem, was Ausdruck der Macht ist, zum Tragen kommt.

Fo Ich versuche, euch ein Beispiel aus der Realität zu geben. Leonardo – schon wieder er – erzählt mit Hilfe einer großartigen Zeichnung die Geschichte Europas zu seiner Zeit und legt zugleich eine groteske Analyse der Macht vor. Dafür bedient er sich satirisch verzerrter Figuren. So macht er aus Frankreich einen jungen Mann von seltener Schönheit, die katholische Kirche ist ein hinreißendes Mädchen, zwischen deren Schenkeln eine Schlange hervorkriecht (die Schöne hat zwei Köpfe: der eine ist der eines Griesgrams, der andere der eines strahlenden Mädchens), Spanien und Deutschland sind zwei Adler, die im Sturzflug herankommen, um ein geschlachtetes Huhn zu packen, das sich in den Händen der Heiligen Römischen Kirche befindet. Genau wie in einem absurden Schauspiel der Commedia dell'Arte setzt Leonardo alle diese Figuren in ihren Verkleidungen gegeneinander ins Spiel und lässt sie mit allen erdenklichen Mitteln gegeneinander kämpfen. In der Mitte des Bildes sind losgekettete Hunde zu sehen; sie stellen die Herrscher unserer Signorien dar.

Schließlich ist da noch ein Dämon, der die ganze Parodie arrangiert. Es ist eine großartige Allegorie: Sie ist komisch, politisch, grotesk. Was würde der liebe ehemalige EU-Präsident, Herr Romano Prodi, dazu sagen?

Grillo Behellige ihn bitte nicht, er gehört zu denen, die nicht wissen, dass sie nichts wissen. Um zu uns zurückzukommen: Man bediente sich also schon früher der Allegorie, um die Zensur zu umgehen.

Fo Gewiss. Wenn man an Leonardo denkt, stellt man sich immer ein Genie mit Bart vor, voller Wut und Zorn, auch weil seine großartigen Pläne immer wieder wegen kleinkarierter Interessen abgelehnt wurden. Tatsächlich war er mit seinen Ideen der Zeit weit voraus, und nur wenige verstanden sie, andere weigerten sich, sie zu verstehen. Unter Leonardos vielen Geniestreichen war auch der, den Naviglio Martesana, jenen Kanal, der an Mailand vorbeifließt, umzuleiten und ihn so an die inneren Stadtkanäle anzuschließen, dass er die ganze Stadt durchquerte. Damit sollte die Austrocknung der Wasserstraßen während des Sommers verhindert werden. Außerdem sollte die gesamte Stadt auf zwei Ebenen ausgebaut werden: Ein Großteil der Straßen wurde zu Laufstegen hochgestellt.

Grillo Da haben wir die neue visionäre Idee vom Städtebau!

Fo Klar, denn durch diesen Umbau würde der Verkehr in der Stadt viel besser fließen.

Casaleggio Ja, aber sie haben es ihm nicht erlaubt …

Fo Genau, der Herzog von Mailand, Ludovico il Moro, verkündete: »Das ist eine großartige Idee, du bist wahrhaftig ein Genie, aber ich muss einen Krieg organisieren, und dieses Geld brauche ich für den Sieg.« Das heißt, er dachte eher ans Abreißen als ans Aufbauen. Er dachte an die Macht und nicht etwa daran, dass man eine vollkommen neue Stadt errichten könnte, die Stadt, in der es sich auf der ganzen Welt am besten leben ließe.

Grillo Apropos Politik, solche Geschichten müssten wir den jungen Leuten erzählen, die über ihre eigene Geschichte nichts wissen. Das wäre ein wichtiges Signal und der Beweis, dass es notwendig ist, über den eigenen Tellerrand hinauszuschauen. Da wir neue Ideen immer wieder begraben und abgewürgt haben, sind wir zurückgeblieben wie Einfaltspinsel. Heute sind wir an einem Nullpunkt angelangt; wir haben uns geistig rückwärts entwickelt, ohne es zu merken.

Werden wir untergehen wie Sparta?

Casaleggio Denken wir zum Beispiel an Sparta. Die Stadt war von jeher mit Athen verfeindet und besaß eine unglaubliche Macht, denn sie befehligte die tapfersten Krieger der Welt, aber es gab einen erheblichen Schwachpunkt: Wenn die Spartaner ein mächtiges Bauwerk errichten wollten, waren sie auf die Meister aus Athen oder Korinth angewiesen. Dann rückten die Architekten mit ihrer Arbeiterschaft an, richteten das Bauwerk auf und zogen wieder ab. Die Spartaner besaßen weder Theaterleute noch Schriftsteller, auch Wissenschaftler brachten sie nicht hervor … Irgendwann, nach vielen Siegen, erlebte Sparta eine Niederlage – noch dazu durch ein einzigartiges Heer: die heilige Schar der Stadt Theben. Diese Krieger kämpften nicht mit schweren Waffen wie die Spartaner, benutzten aber dafür Rüstungen, Schilde und Lanzen aus Holz. Ihr Vorteil lag eben in der Leichtigkeit der Waffen. Sie bewegten sich mit einer verblüffenden Behendigkeit und konnten so das langsame, schwerfällige Heer der Spartaner vernichtend schlagen.

Fo Und siehe da, von diesem Moment an begann der Niedergang Spartas, das buchstäblich vom Erdboden verschwand: 400 Jahre danach wusste niemand mehr, wo die stärkste Militärmacht Griechenlands überhaupt angesiedelt war. Hier sieht man, wohin das Fehlen jeglicher Kultur führt. Es sind nicht die Stadtmauern, die eine Stadt schützen. Es ist das Denken, es sind die Ideen, die diese Mauern stützen.

(In diesem Moment zieht ein blitzender Kampfjet über den hellenischen Himmel.)

Grillo Ah, ein Jagdflugzeug der NATO hat uns gerade noch gefehlt! Prächtig, unsere Schutzengel.

Fo Zum Teufel, irre ich mich, oder ist es unsere Trikolore, die ich da am Heck sehe?

Casaleggio Es sei denn, es ist die ungarische Flagge, es sind viele ungarische Düsenjets unterwegs!

Fo Nein, nein, es ist eins von uns. Hier sieht man mal, wohin die Gelder fließen, die uns fehlen. In unserer Verfassung heißt es, Italien lehne den Krieg ab …

Fo Aber das sind doch Verteidigungswaffen wie die F-35, die neuen Jagdbomber.

Fo Sehr, sehr empfindlich: Es genügt schon, dass ein Blitz sie streift und sie schmieren ab samt Pilot und den Raketen, die sich an Bord befinden. Unser Psychozwerg Berlusconi hat 130 davon bestellt. Aber die Regierung Monti hat ihren Hausverstand walten lassen und »nur« um die 90 bestellt, für eine Gesamtsumme von etwa 13 bis 18 Milliarden. Was sind wir doch für feine Herren!

Grillo Gegen wen müssen wir uns denn verteidigen, wer will uns angreifen? Jetzt haben wir auch noch die Unterseeboote gekauft, Bestien mit Atomantrieb.

Fo Ach geh, was kümmert uns der wirtschaftliche Zusammenbruch. Hast du Hunger? Schau aufs Meer und halt nach den Unterseebooten Ausschau, schon bist du satt!

(Noch mehr Düsenjäger rasen in entgegengesetzter Richtung vorbei, während sich etwas tiefer eine Gruppe von Hubschraubern in die Luft erhebt.)

Grillo Oh, hier ist ja was los!

Casaleggio Beppe, die haben es auf dich abgesehen, sie haben dich mit dem Radar geortet.

Grillo *(hüpft zwischen den Sträuchern am Straßenrand hin und her.)* Macht es wie ich. Das ist die einzige Möglichkeit, ihrer Kontrolle zu entgehen: sich zwischen den Sträuchern verstecken. So, hast du gesehen? Sie verschwinden, sie haben uns aus den Augen verloren.

Fo Wir haben dafür aber auch den Faden verloren. Worüber sprachen wir gerade?

Casaleggio Über die Griechen! Ihr Beispiel, angefangen bei Perikles, kann in Bezug auf das Netz gedeutet werden. Die vielen Leute, die von direkter Demokratie sprechen, berufen sich häufig auf historische Beispiele, und Perikles gehört zu den meistzitierten Vorbildern. Seine *Rede an die Athener**, in der jeder Absatz mit »Hier in Athen halten wir

---

* Siehe das Schlusskapitel des Buchs: Hier in Athen halten wir es so, S. 234f.

es so« endet, ist überall im Netz zu finden, in Tausenden und Abertausenden von Blogs, sie ist zu einem Slogan avanciert, zu einem der meistbenutzten Texte.

Eine andere Rede macht im Netz Furore: Robert Kennedy stellt darin fest, das Bruttoinlandsprodukt solle auch das Glück der Nationen erfassen. Auch das entsprechende Video wurde mit Untertiteln versehen und in alle Sprachen übersetzt.

Dies zeigt, dass das Netzdenken nach historischen Vorbildern sucht. Seltsam ist allerdings, dass einige dieser Beispiele uns zeitlich sehr nah sind, während andere 2000 Jahre zurückliegen. Als ob es dazwischen eine Lücke gegeben hätte.

Warum wird Perikles so oft genannt? Weil Athens Demokratie auf der Idee der Gemeinschaft beruhte, auf einem vernetzten Denken und gemeinsamen Werten. Aber die Sprache und die Werte haben im Laufe der Geschichte an Bedeutung verloren. Unsere heutige Welt nennt sich zwar »demokratisch«, aber davon kann eigentlich keine Rede mehr sein. Wörter sind aufschlussreich. Nehmen wir einmal das Wort »Zar«. Es stammt nicht aus dem Wortschatz des Russischen, sondern ist schon 1000 Jahre zuvor bei den Römern entstanden. Es rührt vom lateinischen Namen *Caesar* her und zeigt, dass der strukturelle Apparat der Macht jahrhundertelang im Rahmen einer hierarchischen, vertikalen Ordnung verblieb, mit Führungspersönlichkeiten und Klassen, die eigens geschaffen wurden, um eine starre, oft aber auch schwache Struktur aufrechtzuerhalten. Wir sind von der athenischen Demokratie weit entfernt, denn die Geschichte hat eine andere Wendung genommen. Möglicherweise kann uns das Internet dabei helfen, zu jener Inspiration zurückzufinden, die uns zu gleichberechtigten intelligenten Wesen macht. Und deshalb brauchen wir auch keinen Leader, keinen charismatischen Führer, auf den wir uns berufen.

Organisierte Unordnung

Grillo Ich will mal ein konkretes Beispiel nennen: Den Verkehr in den Großstädten könnte man auch anders regeln. Wir sind Verkehrspolizisten und Ampeln gewöhnt, dabei könnte man sich auch anders fortbewegen: ohne Regeln. Das heißt, jeder erobert sich den Raum, ohne dass er in seiner Bewegung durch irgendeine Regel eingeschränkt wird. Das geht und es funktioniert. Stellen wir uns vor, was passiert, wenn sich eine Gruppe von Menschen um einen Tisch herum mitten auf einem Platz zusammenfindet. Nähert sich ein Auto, bremst es ab, weil es ein Hindernis antrifft. Kommt ein Fahrrad hinzu oder ein Lastwagen, halten auch diese an. Mit anderen Worten, jeder würde sich mitten im größten Chaos den eigenen Raum erobern. In Neu-Delhi läuft es so, auch in Neapel in vielerlei Hinsicht. Diese neuen Nicht-Regeln werden zur Zeit auch von den großen Städteplanern in den Niederlanden erforscht. Aus Unordnung wird Ordnung. Es findet eine Wende im Denken statt, ein Paradigmenwechsel, der uns zwingt, unsere Gewohnheiten, Lebensentscheidungen und Beziehungen neu zu überdenken.
Fo Eine organisierte Unordnung.

Casaleggio In einem alten Artikel habe ich die Geschichte eines Engländers gelesen, der als Korrespondent in Indien lebte und den Verkehr in Bombay erläuterte. Hier herrsche das Gesetz des Stärkeren, schrieb er: Die Rikscha muss vor dem Moped weichen, das Moped muss dem Auto die Vorfahrt lassen, das Auto dem Lastwagen. Schließlich ist da noch der Elefant, der stärkste von allen, dem alle anderen den Vortritt lassen müssen.

Fo Und was ist passiert?

Casaleggio Es funktionierte! Nicht besser, nicht schlechter, aber es funktionierte. Und auch ohne Regeln gilt letztlich eine Regel, wenn es auch anders ist als das, was wir kennen.

Fo Es geht darum, in der Gemeinschaft genau umrissene, aber variable Strukturen hervorzubringen. Mit dieser Diskussion über falsche und nicht festgelegte Regeln bringt ihr mir eine wahre Revolution in der Architektur des Mittelalters ins Gedächtnis. Diese Erfindung der Gotik hilft uns, die konstruktive Absurdität der Unordnung zu begreifen.

Grillo Das verstehe ich nicht, drück dich klarer aus.

Fo Wenn du den Dom vom Mailand genau anschaust, wirst du feststellen, dass er ganz aus luftigen Spitzen besteht, und das in einem Spiel aus offensichtlich unmöglichen Gewichtungen. Um das hinzubekommen, bedarf es wahrlich eines großen Genies.

Grillo Und wer hat diese Welt der gegensätzlichen Balancen erfunden? Die Baumeister oder die mathematisch versierten Architekten?

Fo Zweifellos waren das zunächst die Baumeister mit den Zimmerleuten, die Arbeiter und die Architekten: der vereinte Sachverstand und Einfallsreichtum zahlreicher Köpfe. Nicht von ungefähr war in Mailand die Gilde der Comaciner Meister während des gesamten Mittelalters bis zur Renaissance die stärkste und kreativste überhaupt, denn sie entschied über die prägende Struktur der Stadt – nicht nur hinsichtlich mechanischer Aspekte und der Arbeitsorganisation, sondern auch mit Blick auf die Anwendung der Regeln und Gesetze.

Grillo Und weil die Lega Nord die große Bedeutung des Gildegedankes nicht verstanden hat, erfindet sie, wenn sie sich auf die Kultur der Kommunen beruft, offensichtliche Unwahrheiten, die aus dem 19. Jahrhundert stammen: Wenn sie nämlich den Mythos von den freien Städten heraufbeschwört, verkennt sie, dass die Macht dieser Städtebünde nicht auf einem einzelnen höchsten Kopf beruhte, sondern auf dem Zusammenschluss freier und selbständig denkender Individuen. Es gab keinen einsamen Helden, sondern eine Gemeinschaft. Die Lega äfft einen Mythos nach, ohne die echten Zusammenhänge zu erkennen.

Casaleggio Im Ausland ist die lokale Geschichte in der Regel gut erforscht und verbreitet. Wenn man in eine beliebige Bibliothek geht, hat man Zugriff zu den wichtigsten historischen Informationen über den Ort. Bei uns nicht, da ist das schwieriger. Aber wir sollten stolz sein und über den Widerstand Bescheid wissen, den die Städte dem Kaiser Friedrich Barbarossa entgegensetzten. Im Ausland findet sich viel Material über diese Epoche: über Friedrich Barbarossa, der die Städte zerstörte und dem Erdboden gleichmachte, und über die Einwohner, die sie trotzig wieder aufbauten und ihn besiegten. Das ist einer der Angelpunkte in der Geschichte der Menschheit. Aber in Italien spricht niemand darüber. Warum hat man ein solches Heldendrama aus der Geschichte Italiens gestrichen?

Fo Weil diese Horde von Männern, die von schwankenden Booten aus auf zwei Flüssen kämpften, nicht einem offiziellen militärischen Verband angehörten, das heißt nicht aus einer Stadt wie Mailand oder Brescia stammten, sondern allesamt Söldner waren. Von den Deutschen wurden sie als »Landsknechte« bezeichnet, denn sie stammten aus der Heide, aus Tälern oder aus Sumpfgebieten und waren daher nicht würdig, in der Geschichte erwähnt zu werden. Außerdem gab es an der Spitze dieser Leute keinen bekannten Befehlshaber, keinen Helden, der es verdient hätte, in einem Gedicht gewürdigt zu werden wie etwa Alberto da Giussano, den es in Wirklichkeit nie gab. Bekanntlich haben Giosuè Carducci und andere romantische Dichter ihn erfunden. Märchen dieser Art müssen entlarvt werden!

Casaleggio Auch wir versuchen, die Märchen zu entlarven, die man uns erzählt.

Ein Virus breitet sich aus

Fo Als ich eure Texte gelesen habe und vor allem, als ich dann mit vielen jungen Leuten von der Bewegung gesprochen habe, in der Emilia Romagna ebenso wie in Apulien und in der Lombardei, habe ich – abgesehen davon, dass man in ihren Gesichtern sofort Ehrlichkeit und Offenheit erkennen konnte – bald festgestellt, dass diese jungen Menschen einen unglaublich starken Drang haben, die Wahrheit zu erfahren und die Heuchelei zu bekämpfen.

In Cesenatico traf ich im Juli 2012 etwa 50 junge Leute; alle meldeten sich zu Wort und diskutierten. Ich habe ihnen erzählt, wie es an dieser Küste aussah, als ich fünf oder sechs Jahre alt war, und dass Leonardo und seine Gefolgsleute einst mehrere Kanäle planten und einen Hafen, der diese Talebene davor bewahrt hat, von Sand und Meer verschluckt zu werden. Je länger ich sprach, desto mehr Zuhörer kamen hinzu, und als ich fertig war, wollten mich die jungen Leute nicht wieder gehen lassen und überschütteten mich geradezu mit Fragen.

Grillo Solche Gelegenheiten ergeben sich spontan. Ein Virus breitet sich aus und greift immer weiter um sich.

Fo Ihr hattet eine großartige Idee, eine außergewöhnlich mutige Sache: mit den Konventionen zu brechen, den Gemeinplätzen. Schon wenn man daran denkt, wie ihr in Sizilien aufgetreten seid: Beppe, der sich monatelang im Schwimmen übt zwischen Skylla und Charybdis, um die Meerenge von Messina zwischen Kalabrien und Sizilien zu durchqueren … Auch ich bin ein Schwimmer, ich bin quer durch den Lago Maggiore geschwommen, ein Boot begleitete mich, und nach einer Weile bekam ich einen dämlichen Krampf und wäre beinahe ertrunken. Ich weiß, was es heißt, diese Übung drei, vier Monate lang immer und immer zu wiederholen. Aber du hast ein eindrucksvolles Zeichen gesetzt. Nur wer es gewagt hat, sich den Strömungen und den Wellen auszusetzen, kann ermessen, welche Entschlossenheit man aufbringen muss, um ein solches Vorhaben durchzuziehen. Es ist keine nur demonstrative Aktion nach der Art Mao Tse-tungs, vier

Schwimmzüge in einem Fluss, von den engsten Vertrauten gehalten. Auch wenn um dich herum ein paar Boote kreisten, musstest du Arme und Beine ganz allein bewegen, und das über eine riesige Distanz.

Casaleggio Tja, der Bezug auf Mao Tse-tung liegt auf der Hand.

Fo Aber du bist es professionell angegangen, Beppe, du hast dich so gut vorbereitet, dass du alle überrumpeln konntest, denn diese Dummschwätzer haben versucht, dich in den Dreck zu ziehen. Aber allein bei der Vorstellung, sich einem solchen Wagnis zu stellen, machen sie sich zehn Tage lang in die Hose; was du getan hast, war also keine Aufschneiderei, sondern eine mutige und entschlossene Tat, die du dir auferlegt hast, weil du eine neue Form finden wolltest, sich den Menschen zu präsentieren: »Ja, so bin ich, und ich kann wirklich etwas Verrücktes auf die Beine stellen!«

Grillo Natürlich war mir das klar. An der Meerenge von Messina gibt es zwei Strömungen von sechs Knoten, eine im Norden und eine im Süden, zeitgleich, und in der Mitte des Kanals liegt die Wassertemperatur im Herbst und später über eine Strecke von 500 Metern bei 7–8 Grad.

Casaleggio Dario Fo sprach vorher von den jungen Leuten und ihrem Willen, etwas zu verändern. Aber auch demonstrative Aktionen wie die von Beppe sind vonnöten, die gut organisiert und sorgfältig vorbereitet sein wollen. Vorhin sprachen wir über die organisierte Unordnung. Die Organisation der Unordnung ist sehr wichtig. Die spontane Kreativität junger Menschen zum Beispiel muss mit einer sorgfältigen Organisation einhergehen, die bis ins letzte Detail reicht. Beim Woodstock 5 Stelle in Cesena und den V-Days wurde nichts dem Zufall überlassen.

Fo Das hat man gesehen. Man hat auch gesehen, dass Grillo seit langem trainierte. Man sah ihn schwimmen und musste sich fragen: »Donnerwetter, seit wann macht er das?« Denn wenn einer seelenruhig Schultern und Ellenbogen einsetzt, kraftvoll und ohne die Körperachse zu verdrehen …

Grillo Ja, wenn du geschwommen bist, weißt du das. Und ich habe mich immer nur nach der einen Seite umgedreht, denn wenn ich mich nach der anderen umdrehte, war da Gianroberto im Boot mit dem Rettungsring und seiner Schirmmütze … Da hätte ich dann lachen müssen und hätte Wasser geschluckt.

Fo Nun, um zur Sache zu kommen, auf jeden Fall habt ihr einen echten Coup gelandet. Und dann die Idee, auf den Ätna zu steigen und dort eine Ansprache vor den Leuten zu halten, als wäre es ein Spaziergang unter Freunden, und dabei hast du riskiert, deine Stimme zu verlieren, denn du hast die ganze Zeit wirklich laut gesprochen … Du hast sie rumgekriegt! Einen Zyniker wie den Sizilianer herumzukriegen, der wirklich schon alles gesehen hat, das will etwas heißen! Die Sizilianer haben in ihrer Geschichte die Franzosen erlebt, die ihre Frauen vergewaltigten, sie haben die Engländer erlebt, die als Piraten kamen, die Spanier, die ab und zu jemanden lebendig verbrannten, und dann die Mafia – sie mussten wie verzweifelt kämpfen. Um diesen Menschen, die alles erlebt haben, noch Neues zu erzählen und sie aufzurütteln, muss man sich schon anstrengen. Und was werdet ihr euch jetzt Neues einfallen lassen?

DIE ERFINDUNG DER PARLAMENTSVORWAHLEN

So viel Kritik!

Casaleggio Der Partito democratico hat offene Vorwahlen angesetzt, bei denen ganz Italien angeblich einen *Regierungschef* wählen sollte – ich sage angeblich, weil in Italien der Regierungschef gar nicht direkt gewählt wird. Außerdem ist nicht einmal sicher, ob diese Person auch Regierungschef wird, denn der wird vom Staatspräsidenten mit der Regierungsbildung beauftragt. Eine direkte Wahl des Regierungschefs gibt es also gar nicht. Ihre Methode unterscheidet sich grundlegend von der unsrigen. Wir haben mit den internen Vorwahlen unsere Kandidaten für das Parlament ausgesucht – und zwar ausschließlich online. Damit wurden die 1400 Bürger bestimmt, die sich insgesamt in allen italienischen Wahlbezirken aufstellen ließen.

Fo Viele haben gesagt, dass eure Methode nicht transparent genug war.

Casaleggio Unsinn, das Gegenteil ist der Fall. Die Kandidaten stammten aus ihrer Gegend, weil es sich ja um Abstimmungen in den Wahlkreisen handelte: Wer gewählt hat, kannte die Kandidaten mehr oder weniger, weil es meist Leute aus dem Umfeld der Bewegung waren; man war sich also schon einmal begegnet … Die Kandidaten-listen wurden also tatsächlich von der Basis her erstellt. Bei den anderen Parteien dagegen werden die Kandidaten von der Parteispitze nominiert wie etwa bei den sogenann-ten Vorwahlen des PD, bei denen zum Beispiel die Toska-nerin Rosy Bindi in einem sicheren Wahlkreis in Kalabrien aufgestellt wurde. Sie reden von Demokratie, treiben aber mit dem Begriff Schindluder. Sie nominieren, wen sie wol-len, und drängen einem mithilfe der »Liste« altbekannte Gesichter auf, Leute, die sich zum x-ten Mal wählen lassen wollen, als ob nichts passiert wäre in all den Jahren, so als trügen sie keinerlei Verantwortung.

Fo Ihr seid weltweit das erste Beispiel für eine Internet-Wahl.

Casaleggio Ja. Vor ein paar Wochen habe ich mich in Mailand mit Michael Slaby getroffen, der bei den letz-ten beiden amerikanischen Präsidentschaftswahlen für Obamas Kommunikation zuständig war. Er ist auch ein großer Internet-Experte. Eine halbe Stunde lang haben wir uns ausgetauscht. Dabei ging es auch um unsere Online-Abstimmungen über die Kandidatenlisten für die Parlamentswahlen. In den USA, so sagte er mir, habe es so etwas noch nie gegeben. Für Slaby ist das Internet ein Raum für die politische Kommunikation genauso wie die traditionellen Medien auch. Im engeren Sinn stimmt das auch, vorläufig jedenfalls. Aber in Zukunft wird das Inter-net alle anderen Kommunikationsformen vereinnahmen und entsprechend gestalten. Online-Wahlen werden dann zur Regel.

Fo Und jetzt zu den anderen Kritikpunkten, mit denen ihr konfrontiert seid: An den Parlamentsvorwahlen haben sich im Vergleich zu den 250000 Mitgliedern der Bewegung zu wenige Wähler beteiligt.

Casaleggio Es waren wenige, weil wir eine klare politische Entscheidung getroffen haben. Wir hätten auch sagen können, es genügt, sich mit seiner E-Mail-Adresse anzumelden, und sofort hätten wir 2 oder 3 Millionen Leute zusammenbekommen. Was hätte uns das gekostet? Wir sind eben seriös … Wir haben die Leute wählen lassen, die am 30. September 2012 als Mitglieder der Bewegung registriert waren und uns ihren digitalisierten Personalausweis zugeschickt hatten. Wir mussten ja Sicherheit über die Identität der Wähler haben. Und nur diejenigen durften kandidieren, die schon bei den vorangegangenen Kommunal- oder Regionalwahlen für die Bewegung kandidiert hatten. Vielleicht waren die Mitglieder auch zu faul oder haben die Sache unterschätzt, denn nur 40000 von den 250000 haben ihre digitalisierten Dokumente geschickt. Wir haben eine überaus komplexe Maschinerie in Gang gesetzt, auf die wir bei künftigen Regionalwahlen oder bei Kommunalwahlen in den wichtigen Städten zurückgreifen können – und das nur durch unseren Einsatz und ohne einen Euro von irgendwem, noch dazu gegen die Macht der Medien. Beim nächsten Mal wird es besser laufen, die Zahl der Wähler wird steigen, mit Sicherheit werden wir über 100000 Stimmen bekommen. Wir haben auch so schon Wunder bewirkt. Das ist der richtige Weg.

Fo Man muss sich an den Mechanismus erst gewöhnen, es ist ja das erste Mal. Ich hätte auch meine Schwierigkeiten.

Grillo Aber nein, wenn du dich einmal registriert hast, ist das Verfahren ganz simpel. Der Ablauf ist ziemlich formlos, und das zeigt auch, wie lebensnah und authentisch die

Online-Abstimmung ist. Manchmal muss man schmunzeln. Einige Kandidaten hatten noch nie eine Videokamera in der Hand und jetzt filmen sie sich. Das Ergebnis ist, wie es ist, aber es ist schon richtig so. Man braucht eine halbe Stunde, um sich die Kandidaten anzuschauen, und dann wählt man per Mausklick.

Diese Art, sich an die Wähler zu wenden, ist ja wirklich etwas ganz Neues. Und tatsächlich kamen Leute von Fernsehsendern aus aller Welt, um uns zu interviewen – allen voran die BBC. Sie waren wirklich interessiert. Wer Fragen stellt, weil er wirklich etwas wissen will, dem antwortet man gern. Ganz anders ist es, wenn dich einer nur diffamieren will. Diese Methode jedenfalls, die eine direkte Wahl ermöglicht, wird hier und dort schon für Abstimmungen auf lokaler Ebene angewendet.

Fo Besteht nicht die Gefahr, dass alles zu »virtuell« wird, zu mechanisch und kalt?

Casaleggio Im Gegenteil. Jeder Kandidat hatte ein Profil auf Facebook, Twitter und einen Film auf Youtube mit einer persönlichen Absichtserklärung und allem, was ihm von Nutzen sein konnte, um sich den Wählern vorzustellen. Die Kandidaten wurden auf der Basis eines häufig direkten Kontakts ausgewählt, aber vor allem auf der Basis ihrer Internetpräsenz, und jeder kann sie per E-Mail oder über ihr Profil auf Facebook und Twitter kontaktieren.

Fo Wie viel hat es gekostet, diesen ganzen Apparat in Gang zu setzen?

Casaleggio Ziemlich viel, aber nicht zu viel. Ich habe das Projekt zusammen mit meinen Mitarbeitern finanziert und entwickelt, deshalb konnte ich die Kosten auf ein Minimum reduzieren. Sonst hätte ich es nicht geschafft. Bei diesen Parlamentsvorwahlen haben sich sehr ungewöhnliche und unvorhersehbare Dinge ereignet. Die Wahl war frei, es gab keine Begünstigungen, und die Leute, die Kandidaten waren völlig unbekannte, normale Bürger. Grillo und ich kannten von den 1400 Kandidaten vielleicht fünf oder sechs persönlich. Es gab also keinerlei Schützenhilfe durch die Medien, keine gekauften Stimmen!

Eine revolutionäre und transparente Wahl

Casaleggio Diese Wahl hat einen historischen Trend in Italien vollkommen auf den Kopf gestellt – es wurden nämlich mehr Frauen als Männer gewählt. Wäre bei den Parteien mit ihren Apparaten und Strukturen und den am grünen Tisch gewählten Kandidaten nicht alle Macht an der Spitze konzentriert, gäbe es im Parlament vermutlich 60 Prozent Frauen. Das System verhindert, dass Frauen ins Parlament kommen. Jetzt hat sich gezeigt, dass Frauen durchaus gewählt werden, aber sie werden gar nicht erst als Kandidatinnen aufgestellt.

Grillo In der Bewegung sind die Frauen zwar in der Minderheit, aber als Kandidatinnen haben sie die meisten Stimmen auf sich vereint.

Fo Das ist unglaublich.

Grillo Wir haben auch eine Karte von Italien mit allen Wahlbezirken ins Internet gestellt: Hier kann man die Kandidaten sehen, jeden einzelnen mit Foto, Lebenslauf, allen persönlichen Daten und seiner Präsenz in sozialen Netzwerken.

Fo Die ganze Liste ist im Netz. Für den Wahlbezirk Lateinamerika wurde Francesco Tripodi gewählt, ein Beamter und Freiberufler.

Grillo Man kann sehen, wer dieser Mann ist.

Fo Verheiratet, mit Abitur am humanistischen Gymnasium und Universitätsabschluss in Politikwissenschaften.

Grillo Also nicht gerade ein Trottel.

Fo Die Frauen sind allesamt Lehrerinnen, Unternehmerinnen, Arbeiterinnen …

Grillo Geh mal auf Emilia Romagna.

Casaleggio Oder auch auf Piemont.

Fo Hier ist die Emilia Romagna. Arbeitslose, Arbeiter. Giulia Salti, Studentin … Alles junge Frauen, 25, 26 Jahre, und dann Frauen über 40 für den Senat.

Casaleggio Stellt euch mal vor, wie es in Italien zuginge, wenn doppelt so viele Frauen im Parlament wären. Das wäre wirklich eine Wende, ein Mentalitätswandel, eine Revolution. Man würde den sozialen Problemen viel mehr Aufmerksamkeit schenken.

Fo Ein anderer Aspekt, der bei den Parlamentswahlen und ganz allgemein bei den Aktivitäten der 5-Sterne-Bewegung in den letzten Jahren deutlich wurde: Man kann Politik auch mit weitaus geringeren Kosten machen, auf ehrenamtlicher Basis, aus reinem Bürgersinn.

Grillo Ich habe mich mit meinem Computer zu Hause hingesetzt, habe mir Ligurien vorgenommen und nachgeschaut, wer die Kandidaten in meiner Region waren. Zwei von ihnen kannte ich, die anderen 22 nicht. Ich habe mir ihren Lebenslauf angeschaut, den Film, den sie von sich gedreht hatten, und dann habe ich drei Stimmen abgegeben, mit drei Mausklicks, für die von mir gewünschten Kandidaten: einen arbeitslosen jungen Mann, eine Mutter von drei Kindern, die als Lehrerin arbeitet, und einen Ingenieur.

Casaleggio Die Stimmabgabe war technisch simpel, weil wir die Programmierung in die Hand von Spezialisten für ›Benutzerfreundlichkeit‹ gelegt haben. Benutzerfreundlichkeit heißt, ein Online-Vorgang läuft wie von selbst und direkt ab; ein komplexer Vorgang wird vereinfacht. Wenn eine Anwendung im Netz nicht benutzerfreundlich ist, funktioniert sie eigentlich gar nicht. Was der italienische Staat zum Beispiel hereinstellt, ist fast nie benutzerfreundlich. Man kann weder die Seiten der Ministerien noch der Gemeinden oder der öffentlichen Ämter wirklich nutzen. Man nutzt die Seiten nicht, weil man sie nicht versteht und weil sie kompliziert sind; man lässt die Finger davon und denkt, man sei selbst schuld und sei nicht schlau genug!

Grillo In einem Rathaus habe ich alte Leute gesehen, mit Zetteln und Formularen, mit Zetteln und diesen Nummernscheinen, mit denen man aufgerufen wird. Sie suchten ein Büro und wirkten furchtbar verloren. Und dann behauptet man, alte Menschen hätten Probleme mit dem Computer! Aber im Vergleich zu den Schwierigkeiten, mit denen sie in einer öffentlichen Behörde konfrontiert werden, ist der PC ein Witz! Den Computer kann jeder benutzen. Du machst einen Mausklick, schaust hin, hast die Symbole, an denen du dich orientierst … Die Technologie ist simpel, oder es ist keine Technologie.

Fo In diesen Wochen passiert alles Mögliche, es ist wie der Run auf die letzten freien Plätze, ein beschämendes Szenario, jeder beansprucht einen Listenplatz und beruft sich auf die Kräfte, die er vertritt. Mit welcher Dreistigkeit berufen sie sich auf Transparenz!

Casaleggio Ich sehe das auch so. Und noch ein weiterer Aspekt hat sich bei den Parlamentsvorwahlen gezeigt: Alle italienischen Bürger konnten bei dieser Aktion drei Monate im Voraus die Leute kennenlernen, die die 5-Sterne-Bewegung im Parlament vertreten werden. Sie wissen, dass es sich um unbescholtene Bürger handelt, man kann über das Portal der Bewegung auf ihre Website gelangen, auf ihren Blog, und sich schon im Vorfeld ein Bild von den Personen machen, die man wählt. Und was die Transparenz betrifft, auf die sich unsere Gegner berufen ... Am Tag der Hinterlegung der Unterschriften, am Sonntag, dem 20. Januar 2013, gehörten wir zu den Ersten in den Wahlkreisämtern der Gerichte, während einige Parteien noch am Tag darauf darüber diskutierten, wen sie »nominieren« sollten.

Fo Wenn ich richtig verstanden habe, sollen eure Abgeordneten dann alle sechs Monate Rechenschaft ablegen, nicht wahr?

Casaleggio Nein, das wurde zwar hin und wieder so gemacht, aber es hat keinerlei Sinn, denn jeder kann tagtäglich die Leistung seines gewählten Interessenvertreters überprüfen. Schon jetzt können die Leute, die in den Gemeinden gewählt wurden, von ihren Wählern täglich im Internet überwacht werden. Und wenn etwas nicht funktioniert, weil es den Leitlinien der Bewegung widerspricht, werden sie unter Beobachtung und gegebenenfalls an den Pranger gestellt.

Fo Was soll das heißen, an den Pranger gestellt?

Casaleggio Das soll heißen, dass im Internet sofort ein Sturm der Entrüstung losbricht und die betreffende Person ihre Aktionen erklären und rechtfertigen muss. In der

Lombardei hatte ein Kandidat zum Beispiel nicht gesagt, dass er Freimaurer ist; das wurde bekannt und der Kandidat von der Wahl ausgeschlossen ... Das Internet ist also schon ein Gehirn, das sieht, versteht, kommuniziert, handelt ...

Fo ... analysiert.

Casaleggio Nehmen wir das Beispiel Bologna, wo einer es unterlassen hatte zu erwähnen, dass er vor seiner Kandidatur für die 5-Sterne-Bewegung schon zwei politische Mandate innehatte, obwohl unsere Regeln vorsehen, dass nur kandidieren darf, wer noch nicht zwei Mandate hinter sich hat. Die Wahrheit kam durch Hinweise im Internet ans Licht, und die betreffende Person wurde ausgeschlossen. Wer eine Falschaussage macht, setzt sich der Empörung der Wähler aus. Das ist sehr wichtig, besonders auf lokaler Ebene, weil sich die Community in gewissem Sinne selbst reguliert und Antikörper entwickelt.

Fo Also kein Rücktritt?

Casaleggio Nein, es gibt keinen automatischen Rücktritt, weil wir in Italien kein imperatives Mandat haben. Die Bewegung, die Partei, kann niemanden zum Rücktritt zwingen. Wenn du willst, trittst du selbst zurück, aber wenn du nicht willst, tust du es nicht. Wer will, kann sich weiter als Regionalrat oder als Gemeinderat betätigen. Beppe hat nur die Verwendung unseres Parteilogos untersagt, wenn jemand gegen die Regeln verstoßen hat, gegen die wenigen Regeln unseres Statuts*. Beppe wird als Diktator verunglimpft, dabei hat der PD Dutzende Mitglieder ausgeschlossen, ohne dass die Medien davon auch nur Notiz genommen hätten.

---

* Diese Regeln werden Non Statuto = Nichtstatut genannt (A. d. Ü.).

Grillo ist nicht Jesus

Grillo Ein anderer Kritikpunkt, den man uns ankreidet, ist die Präsenz unserer Vertreter im Fernsehen. Man sagt, wir wollen nicht, dass sie im Fernsehen auftreten. Das ist nicht wahr! Wir wollen nicht, dass sie sich in Talkshows setzen. Das sind zwei Paar Stiefel. Wir wollen, dass die Talkshows abgeschafft werden … Seit wir diese *Fatwa* lanciert haben, pflichten uns immer mehr Leute bei. Die Talkshow ist tot, die TV-Kritiker zerreißen sie in der Luft. Brauchbare Sendungen wie die von Gad Lerner werden auf Sendezeiten nach Mitternacht verlegt …

Casaleggio Talkshows sind das eine, Information ist etwas anderes. Wenn man jemanden über seine Tätigkeit als Bürgermeister von Parma befragt, ist es richtig, dass er ein Interview gibt. Ja, es ist sogar gut. Etwas anderes sind die italienischen Talkshows, in denen alles nur zerredet wird; man spricht über Abstraktes, Ideologisches. Sie sind wie Hahnenkämpfe auf dem Opferaltar der alles beherrschenden Einschaltquote.

Fo Da geht alles durcheinander … Du, Gianroberto, bist schon oft gebeten worden, dich den Fragen der Journalisten zu stellen, aber du hast dich immer verweigert – warum? Aus welchem Grund? Das hat doch mit Talkshows nichts zu tun.

Casaleggio Ich kenne die Welt der Presse und der Journalisten recht gut, ich weiß also, wie ich damit umzugehen habe. Vor einigen Monaten habe ich einen Brief an den *Corriere della Sera* geschrieben. Ich habe dazu angemerkt: »Ich schicke ihn euch, aber nur, wenn ihr ihn so lasst, wie er ist.« Sie haben mir versichert, dass sie nicht ein Komma verändern würden. Schön und gut. So war es auch, nur dass sie eine Überschrift gewählt haben, die nichts mit dem Text zu tun hatte. Ich habe dort angerufen, und sie teilten mir mit, der zuständige Blattmacher habe das so entschieden. Aber was soll das heißen? Wie kannst du dich auf die verlassen? Ich habe ein einziges Interview gegeben, dem *Guardian*, einer englischen Tageszeitung, und die italienischen Journalisten haben das Kunststück fertiggebracht, den Sinn zu verdrehen. In diesem Artikel verweise ich auf das Evangelium und wie es sich durch die Apostel beinahe virusartig verbreitet hat, so wie dies ähnlich im Netz möglich ist. In der Übersetzung hieß es dann, für mich sei Grillo wie Jesus. Als ich das dem englischen Journalisten erzählte, konnte er es kaum glauben; er hat laut gelacht.

Fo Solche Scherze haben sie sich auch mit mir erlaubt, das machen sie mit allen.

Casaleggio Sie wissen, dass man beim flüchtigen Durchblättern einer Zeitung die Überschriften wahrnimmt, und nur wenn man will und die Zeit hat, auch den Text liest. Wer an diesem Tag den *Corriere della Sera* gelesen hat, konnte jedenfalls eine Überschrift lesen, die mit dem, was ich geschrieben habe, nichts zu tun hatte. Und wer die TV-Nachrichten gesehen hat, musste mich für einen Wiedergänger von Johannes dem Täufer halten, für einen Verrückten, der eine neue Religion verkündet.

Fo Für das Fernsehen gilt also das Gleiche …

Casaleggio Beim Fernsehen ist es noch schlimmer. Du sprichst, aber wenn die Kamera bei deiner tropfenden Nase verweilt, hört dir niemand mehr zu. Es genügt eine einzige Einstellung, um dich lächerlich zu machen. Das Fernsehen verzeiht niemandem, der auf Inhalte setzt.

Grillo Viele kapieren einfach nicht, dass es beim Fernsehen nur aufs Bild ankommt. Du kannst sagen, was immer du willst, aber wenn sie, während du sprichst, einen Berlusconi-Lakaien wie Gasparri ins Bild holen, ist es aus, dann vermischt sich alles.

Casaleggio Und nun noch zum Vorfall in Bologna*, der tagelang die Zeitungen füllte. Hier müssen wir über die Einhaltung von Regeln sprechen. In einer Gemeinschaft darf man nicht gegen die Regeln handeln, andernfalls existiert die Gemeinschaft nicht. Die Regel besteht in diesem Fall darin, dass die Vertreter der Bewegung Sprachrohr einer Gemeinschaft sind, die sie gewählt hat, und deshalb nur darüber sprechen können, wofür sie von dieser Gemeinschaft den Auftrag haben. Du kannst nicht ins Fernsehen gehen und im Namen der Bewegung über die Imu** oder über regionale Finanzierungen sprechen, ohne die Zustimmung der Basis zu haben.

Grillo Als Gemeinderat kannst du im Fernsehen über die Probleme in Bologna reden, aber du kannst dich nicht im Namen der Bewegung zu nationaler und internationaler Politik äußern. Als Gemeinderat bist du dazu nicht befugt.

Casaleggio Um wieder auf die Kritik zurückzukommen: Die Medien haben auch geschrieben, dass in Grillos Blog antisemitische Äußerungen aufgetaucht sind ... Wer hat denn so etwas eingestellt? Das würde ich gern wissen.

---

* Der Gemeinderätin Federica Salsi wurde nach ihrem Auftritt in der Fernsehsendung *Ballarò* und ihren nachfolgenden Erklärungen untersagt, weiterhin das Logo der Bewegung zu benutzen (A. d. Ü.).

** Die Gemeindesteuer für Immobilien (A. d. Ü.).

Vielleicht hat sie genau der eingestellt, der uns jetzt angreift. Das Internet ist offen für jeden, und jeder kann den Blog nutzen und Botschaften einstellen, die mit unserer Meinung nichts zu tun haben, und uns auf diese Weise angreifbar machen.

Grillo Das ist eine alte Methode.

Casaleggio Im Zusammenhang mit der letzten Auseinandersetzung zwischen Israel und den Palästinensern haben wir dem jüdischen Musiker und Schauspieler Moni Ovadia einen Gastkommentar im Blog überlassen, nicht der Hamas. Die sollten sich mal anhören, was Ovadia zu sagen hat. Fast alle Zeitungen schreiben die Unwahrheit und wenden sich dabei an Leser, die, da sie nicht ins Netz gehen, auch nicht in der Lage sind, die hinterlistigen Tricks zu durchschauen, mit denen hier gearbeitet wird.

Fo Ist es richtig, dass 50 Prozent der Italiener nicht ins Internet gehen? Wie könnt ihr dann so sicher sein, dass eine Demokratie auf der Basis des Netzes funktionieren kann? Viele können kaum damit umgehen und sind deshalb auch sehr misstrauisch. Ihr benutzt ja Kommunikationsmittel, die andere nicht einmal kennen, und wollt neue Freiräume schaffen.

Casaleggio Diese Frage hat man mir schon öfter gestellt. Sie beruht auf einer falschen Vorstellung vom Internet. Man hält es für ein Sendemedium, das nur in eine Richtung funktioniert: einer an viele. In Wirklichkeit aber wird eine politische Botschaft, die über das Internet verbreitet wird, nicht nur passiv empfangen. Wer die Botschaft liest oder hört, tut das aus freien Stücken. Wenn er die Botschaft gut findet, leitet er sie weiter, aber nicht nur über Facebook, er trägt sie am Abend auch in die Familie, er spricht mit den Eltern und Geschwistern darüber. Die Mundpropaganda in der realen Welt gleicht den Umstand aus, dass nicht alle das Internet nutzen. Auf Sizilien ist die Breitbandtechnik außerhalb von Palermo und Catania zwar kaum vorhanden, aber die 5-Sterne-Bewegung ist hier trotzdem die stärkste politische Gruppierung. Das Internet hat demnach Botschaften transportiert, die anschließend auf anderen Wegen weitergegeben wurden. Diese Sachlage ängstigt unsere Gegner, denn wenn wir in Sizilien gewinnen, könnten wir noch weitaus bessere Ergebnisse in der Lombardei oder in anderen Regionen einfahren, wo das Internet viel weiter verbreitet ist.

Fo Auf Sizilien war es entscheidend, dass Beppe immer wieder öffentlich aufgetreten ist und damit das Fernsehen gezwungen hat, ihm hinterherzulaufen, um seine Statements zu filmen. In jenen Tagen stand er immer wieder im Mittelpunkt des Medieninteresses.

Grillo Das Fernsehen war dann aber so geschickt, nur Versatzstücke zu filmen, und zwar von Momenten, in denen ich das Thema wechselte und vielleicht etwas euphorischer auftrat, etwas aggressiver – anstatt das zu unterstreichen, was ich wirklich sagen wollte, die Botschaft also, um die es mir ging. Sie blendeten auch vollkommen aus, was andere aus der Bewegung sagten. Denn auch andere meldeten sich zu Wort, nicht nur ich.

Casaleggio Ich gebe mal ein Beispiel, wie Nachrichten gemacht werden. Beim zweiten V-Day kam auf dem Hauptplatz von Turin eine große Menschenmenge zusammen. Von der Piazza San Carlo bis zum Bahnhof Porta Nuova herrschte dichtes Gedränge.

Grillo 140000 Menschen.

Casaleggio Die Fotos belegen das. Trotzdem schaffte es *La Stampa* von Turin, auf die Titelseite Beppe Grillo zu zeigen, der zum Hinterteil des Reiterstandbildes von Emanuele Filiberto spricht. Noch dazu war das Foto von unten aufgenommen und folglich die Menschenmenge überhaupt nicht zu sehen.

Grillo Tja, ein Foto, von unten nach oben aufgenommen, mit mir und dem Pferd. Wir sind die einzigen beiden Figuren auf der gesamten Piazza San Carlo. Das ist doch krank! So wird das Bild von den Zeitungen instrumentalisiert. Oder sie kommen früher, wenn die Leute noch nicht da sind, und sagen: »Also, es ist ja gar kein Mensch da.« Oder sie lösen deine Person aus dem Kontext und wählen Ausschnitte, die nichts mit dem Ganzen zu tun haben, anstatt dich zu fotografieren, während du sprichst. Auf den V-Days, bei unseren Treffen, haben Wirtschaftswissenschaftler und Nobelpreisträger gesprochen – außer dir, Dario, auch Joseph Stiglitz und Muhammad Yunus –, aber niemand hat sie auch nur erwähnt! Niemand hat sich auch nur zwei Sekunden lang mit Aldo Moros Tochter befasst, mit der Mutter von Federico Aldrovandi, dem Jungen, der von der Polizei getötet wurde, oder mit dem Gewerkschafter, dem Arbeiter, dem Staatsmann, dem Mathematiker … Die einzige Botschaft bestand darin, dass ich alle zum Teufel jage.

Fo So viel einstweilen zum Kapitel Wahlen, die schon hinter uns liegen. Später sprechen wir noch über die anstehenden Parlamentswahlen. Wie läuft es auf Sizilien? Inzwischen habe ich auch gesehen, dass eure Vertreter, wie versprochen, der Region 75 Prozent der Abgeordnetenbezüge zurückerstatten. Das ist ein positives Signal.

Casaleggio Auf Sizilien haben wir gemeinsame Beratungen unter den Aktivisten angeregt. Sie haben das Programm mithilfe einer computergestützten Plattform namens »Liquid feedback« erstellt, auf der über jeden einzelnen Punkt diskutiert und abgestimmt wurde. Die Wahlen wurden dagegen direkt durchgeführt: Die Leute trafen sich an den verschiedenen Orten, redeten, debattierten. Unmittelbar nach den Wahlen haben die Kandidaten auf die Wahlkampfkostenerstattungen in Höhe von ungefähr 900 000 Euro verzichtet. Sie waren die Einzigen, die das taten. Jetzt machen wir weiter und arbeiten das Programm ab, das wir uns vorgenommen haben.

Die verfälschte Geschichte von Hypatia

Grillo Entschuldigt, aber dort ist ein Brunnen, lasst mich mal kurz trinken.

Casaleggio Das ist eine gute Idee, ich habe auch Durst.

Fo Und ich stelle mich in die Schlange.

(Am Brunnen füllt ein Mann einen Kanister mit Wasser. Als wir herantreten, lässt er uns vor. Beppe bedankt sich – »sehr freundlich« – und beugt sich zum Wasserstrahl hinunter, um seinen Durst zu löschen.)

Casaleggio *(zeigt auf die Stele, in die der Trinkbrunnen eingelassen ist)* Seht mal hier, da ist eine Widmung. Leider auf Griechisch.

Fo Du kannst kein Griechisch, so gebildet wie du bist?

Casaleggio Ein bisschen, aber das hier ist Neugriechisch, wer versteht das schon …

(Der Mann mit dem Kanister kommt hinzu.)

Mann mit Kanister Ich kann Griechisch!

Fo Oh, ein Italiener!

Mann mit Kanister Nein, ich bin Grieche, aber ich habe 15 Jahre in Italien gelebt. Ich habe in etlichen Städten in Venetien und der Lombardei gearbeitet. Also, hier steht – ich übersetze es euch direkt: »Hypatia, dein Leben war klar und rein wie dieses Wasser. Mach, dass jeder, der zu deinem Brunnen kommt, um seinen Durst zu löschen, aus deinem Opfer den Sinn der Freiheit erfasst.«

Fo Schön! Hypatia? Meinst du, das bezieht sich auf die berühmte griechische Gelehrte, die im 4. Jahrhundert nach Christus gelebt hat?

Mann mit Kanister Ja, genau die.

Grillo Sie wurde von fanatischen Christen ermordet …

Mann mit Kanister Ich habe ein Stück gesehen, das sie unten in Astanasos inszeniert haben. Die Schauspielerin, die die Märtyrerin verkörperte, war jung und bildschön. Hypatia war Gelehrte für ich weiß nicht was.

Casaleggio Ja, sie war Philosophin, eine Vertreterin des neoplatonischen heidnischen Denkens. Man hat ihre Geschichte kürzlich sogar verfilmt, aber der Film* ist schlecht, voller melodramatischer Effekte. Sogar ihre Geschichte wurde verfälscht dargestellt.

Grillo *(an den griechischen Freund gerichtet)* Pardon, wer hat denn diese Inschrift und den Brunnen der Hypatia gewidmet?

---

* 2009 drehte Alejandro Amenábar den Film *Agora – Die Säulen des Himmels* über Hypatias Leben mit Rachel Weisz in der Hauptrolle (A. d. Ü.).

Mann mit Kanister Ich weiß es nicht, keine Ahnung.

Fo Na, ich nehme an, irgendwelche Freidenker oder Anarchisten, das sind meine Leute!

Grillo Ja, genau, und hier ist auch das Datum der Inschrift. Es ist keine antike Stele: 1830.

Casaleggio Irre ich mich, oder hat sich Griechenland in diesem Jahr von der türkischen Herrschaft befreit?

Mann mit Kanister Ja, richtig, 1830. Sie wissen aber auch alles, sieh mal einer an, sogar das Jahr unserer Befreiung kennt er!

Grillo Tja, er sieht aus wie ein Mensch, aber in Wirklichkeit ist er ein wandelndes Lexikon, wir haben ihn nicht ohne Grund immer mit dabei: Hin und wieder blättern wir darin und schlagen Daten und Denkmäler nach.

Fo Eigentlich hast du diesen Brunnen entdeckt, Beppe. Ich glaube, du wusstest schon, dass er hier steht, und hast uns hergelockt, um einen Vorwand für eine feierliche Rede zu finden. Nur zu, halte uns eine Lobrede auf die Freiheit.

Mann mit Kanister Entschuldigt, aber leider warten ein paar Kunden auf frisches Wasser.

Grillo Kunden?

Mann mit Kanister Ja, ich führe weiter unten eine Gastwirtschaft. Wenn ihr vorbeischaut, bevor ihr weiterzieht, würde mich das freuen.

Grillo, Casaleggio, Fo *(im Chor)* Auf jeden Fall, gern.

Grillo Ich dachte eher an ein Gespräch, das zu dieser Stele passt. Und zwar über Gedenkfeiern. Wir haben in unseren Dörfern und Städten jede Menge Mahnmale, die den Opfern von Unrecht, Gewalt und Massakern gewidmet sind. Aber wie nicht anders zu erwarten, gibt es nur wenige, die an die Untaten der Mächtigen in älterer oder jüngerer Zeit erinnern. Im Augenblick fällt mir nur die Statue auf dem Campo de' Fiori in Rom ein, die zum Gedenken an Giordano Bruno und seinen Tod auf dem Scheiterhaufen errichtet wurde. Dabei gab es noch Tausende andere, die in den Fängen der Inquisition landeten, geköpft wurden oder im Gefängnis starben.

Fo Ich erinnere mich an eine Stele in Mailand. Als ich ein Kind war, stand sie in einem Viertel bei der Porta Venezia, das eng mit einer Ketzerbewegung verbunden ist. Das waren friedliche Leute, die um das Jahr 1000 vom Mailänder Bischof in den Tod geschickt wurden.

Casaleggio Ach so, du meinst das Blutbad an den Katharern von Monforte d'Alba!

Fo Ja, die Monfortiner, einige sagen, es seien 200 gewesen, aber im Treccani-Lexikon ist von über 1000 Menschen die Rede, die bei lebendigem Leibe verbrannt wurden.

Casaleggio Das stimmt. Naja, in solchen Fällen versucht man immer, die Dinge zu bagatellisieren. In jedem Fall hast du recht, diese Geschichte hat damals ganz Mailand erschüttert. Man muss bedenken, dass die Stadt damals über 100000 Einwohner hatte; das Blutbad prägte sich also tief in das Gedächtnis der Mailänder ein. Nach dieser Verbrennung unschuldiger Menschen lehnten sie allein den Gedanken daran ab, dass ein Papst die Christen anführen sollte …

Grillo Da sagst du was!

Casaleggio … ich sagte, dass der Bereich rund um die Basilica di San Babila nach diesem Blutbad an Unschuldigen, die man zu Ketzern erklärt hatte, den Namen Monforte erhielt. Auch eine der Hauptstraßen in dieser Gegend heißt bis heute so, auch die Apotheke und das Polizeipräsidium. Jedenfalls hat Mailand das vom Bischof befohlene Gemetzel, mit dem er die Autorität seiner Kirche untermauern wollte, nie vergessen.

Jetzt fällt mir ein, dass der Bürgermeister, Formentini, vor etwa 15 Jahren, als die Stadt von der Lega Nord regiert wurde, den Namen Monforte für das Viertel, die Straße, die Apotheke und so weiter in »della Padania«* umändern wollte. Daraufhin überschüttete man ihn geradezu mit Briefen, Telegrammen und Mitteilungen, in denen er zum Teil heftig beschimpft wurde. Der Ärmste war ganz baff und meinte: »Was habe ich denn Schlimmes getan? Ich wollte doch nur diesen bedeutungslosen Namen durch einen anderen ersetzen, der uns an den Fluss Po und an unser Land erinnert!«

(Während die drei so sprachen, lenkten sie ihre Schritte zum Gasthaus, traten ein, bestellten etwas zu essen und setzten ihr Gespräch unterdessen fort.)

---

* Propagandabegriff der Lega Nord für den Norden Italiens (A. d. Ü.).

SOZIALE PROBLEME:
GEFÄNGNIS UND EINWANDERUNG

Die Gefängnisse leeren

Fo Macht es euch etwas aus, das Thema zu wechseln?
Grillo und Casaleggio *(im Chor)* Bitte!
Fo Die Bewegung hat sich zum ersten Mal zu den Parlamentswahlen gestellt, und nun erwartet euch eine sehr schwierige Situation: Viele soziale Probleme müssen gelöst werden. Eines davon möchte ich ansprechen: Der Europäische Gerichtshof hat Italien wegen Missachtung der Menschenrechte in den Vollzugsanstalten verurteilt, nachdem eine Gruppe inhaftierter Einwanderer geklagt hat, weil sie in Zellen ohne sanitäre Einrichtungen, Betten und Heizung untergebracht waren. Die Häftlinge protestierten zunächst gegen diese unmenschliche Behandlung und wurden daraufhin vom Gefängnispersonal brutal misshandelt und sogar wegen Aufruhrs angezeigt.
Hier möchte ich daran erinnern, wie sehr sich der Bürgerrechtler Marco Pannella dafür eingesetzt hat, dass die Gefängnisse geleert werden. Wegen der menschenunwürdigen Überfüllung herrschen dort katastrophalen Zustände*.

---

* 140 Insassen auf 100 Plätze, insgesamt 66 685 Häftlinge bei einem regulären Fassungsvermögen von 46 795 – so steht es im Neunten

Das Thema Gefängnis liegt Franca* und mir schon immer schwer auf der Seele. Vor einigen Tagen war ich in San Vittore. Sogar die Leiterin der Vollzugsanstalt und das Wachpersonal waren empört über die Arbeitsbedingungen, die ihnen hier zugemutet werden.

Ich habe auch im Ausland Gefängnisse besucht, in Schweden und in Norwegen. Wenn man in einem dieser Länder ein Gefängnis betritt, hat man das Gefühl, eine andere Welt zu betreten. Man sieht auf einmal, dass es auch in einer Justizvollzugsanstalt menschlich zugehen kann – vorausgesetzt natürlich, man befindet sich in einem zivilisierten Land.

In Italien scheinen sich die Gefängnisverwaltungen am Leid der Häftlinge fast schon zu ergötzen. Das Schlimme daran ist nicht einmal, dass die Inhaftierten in einer Zelle eingesperrt sind und kaum ins Freie kommen, dass man ihre Briefe verbrennt, anstatt sie ihnen auszuhändigen, und dass sie misshandelt werden und vieles andere. Das Problem besteht vielmehr darin, dass sie gedemütigt und erniedrigt werden und damit ihre Identität verlieren. Es ist ja kein Wunder, wenn sich die Inhaftierten erhängen oder eine Plastiktüte über den Kopf stülpen, um zu sterben. Sie werden zu viert in eine Zelle gepfercht, die für eine einzelne Person gedacht ist. Das WC ist drei Schritte weit weg, ein Loch im Boden. So sieht Resozialisierung nach italienischer Art aus. Was ist das für eine Kultur, die die Würde des

---

nationalen Bericht über die Haftbedingungen »Ohne Würde«, den die *Associazione Antigone* 2012 herausgebracht hat (A. d. Ü.).

* Franca Rame (*1929), Schauspielerin und Dario Fos Lebensgefährtin (A. d. Ü.).

Menschen missachtet? Die Leute wissen nichts von dieser Hölle, sie wissen nicht, wie schlimm die Zustände sind.

Grillo Es kümmert sie nicht, weil der Verbrecher in der kollektiven Vorstellungswelt beseitigt werden muss.

Casaleggio Über das Problem der Haftanstalten haben wir in den letzten Jahren informiert. Dabei ging es uns gar nicht darum zu berichten, wie es in den Gefängnissen zugeht, wir wollten diese Einrichtungen nur verkleinern. Das ist unser Ziel.

Fo Ja, aber bevor man versucht, die Gefängnisse abzuschaffen, muss man den Leuten erklären, was da vor sich geht. Denn das weiß ja keiner.

Casaleggio Wenn du all die Inhaftierten aus den Gefängnissen holst, die Verwaltungsdelikte begangen haben, auch solche, die mit dem Drogengesetz in Konflikt geraten sind, und schließlich jeden, der nicht gefährlich ist, wie viele bleiben dann übrig? Wenn man dann auch noch die abzieht, die aus Nicht-EU-Ländern stammen, und ihnen erlaubt, ihre Strafe zu Hause bei Familie und Freunden abzusitzen, wie viele bleiben übrig?

Fo Die Lösung des Gefängnisproblems kann sicher dazu führen, die Gefängnisse zu leeren, aber ich glaube, man muss trotzdem erst einmal die Öffentlichkeit informieren, wie es heutzutage dort drinnen aussieht.

Casaleggio Wir haben im Verlagshaus Rizzoli ein Buch über Todesfälle in Gefängnissen herausgebracht, *Die italienische Todesstrafe*.* Es ist ein schreckliches Buch; man

---

* Der Originaltitel lautet: Samanta Di Persio: *La pena di morte italiana: Violenze e crimini senza colpevoli nel buio delle carceri*. Rizzoli, Mailand, 2011 (A. d. Ü.).

kann es kaum zu Ende lesen. Viele haben es übers Netz gekauft, aber nichts hat sich geändert. Ich nehme an, dem Italiener ist das Gefängnisproblem im Grunde genommen egal, solange es ihn nicht persönlich betrifft. Schafft man die Gefängnisse ab, ist das Problem gleich mit beseitigt.

Fo Wie bei den psychiatrischen Kliniken? Ist das ähnlich?

Casaleggio Mehr oder weniger ja. Ich würde nur die Hochsicherheitstrakte beibehalten, wo die Verbrecher hinkommen, die wirklich gefährlich sind.

Fo Casaleggio hat mich an etwas erinnert. Franca und ich waren eng mit Franco Basaglia, dem Wegbereiter der italienischen Psychiatriereform, und all seinen Mitarbeitern aus den psychiatrischen Kliniken befreundet. Seit Jahren sprach man davon, dass man diese Häuser schließen müsse. Und wir haben sehr beeindruckende Begegnungen mit den Kranken und den Mitarbeitern der psychiatrischen Abteilungen organisiert – bei diesen Partys waren die Schwerkranken mitten unter uns. Wir sprachen mit ihnen, stellten Fragen und man wusste nicht, ob man es gerade mit einem Krankenpfleger zu tun hatte oder mit einem Patienten. Wir haben diese Partys organisiert, um in der Öffentlichkeit ein Bewusstsein für das Problem zu schaffen. Die größte Betroffenheit lösten allerdings die Berichte der Patienten über die Zustände in den psychiatrischen Kliniken aus.

Als ich letztes Jahr ein paar forensische psychiatrische Anstalten besuchte, zum Beispiel die in Aversa in der Provinz von Caserta, waren die Kranken dort ans Bett festgeschnallt wie gekreuzigt. Und man ließ sie einfach so liegen. Vor ein paar Monaten ist einer von ihnen gestorben, mit gefesselten Händen und Armen. Erst als wir das ganze Drama eines solchen Lebens auf die Theaterbühne brachten, haben die Leute angefangen nachzudenken und sich aufzuregen. Und erst dann haben sie sich auch bereit gefunden, Petitionen und Aufrufe zu unterschreiben. Anfangs hieß es immer: »Ja ja, ich werde darüber nachdenken, aber unterschreiben werde ich jetzt nichts.« Sie haben sich so lange geweigert, bis wir sie direkt an ihre Verantwortung als Bürger und Menschen erinnert haben, etwas zu unternehmen, damit diese Folterkabinette abgeschafft werden.

(Die drei verlassen das Gasthaus und machen sich wieder auf den Weg)

Zu viel Demagogie in Sachen Einwanderung?

Casaleggio Hier, schaut mal auf die Leitplanke. Da steht, bis Athen sind es noch 5 Kilometer. Die Hälfte haben wir also hinter uns!

Fo Wenn es euch nichts ausmacht, würde ich mich gern einen Moment ausruhen …

Casaleggio Du hast recht: Reden und Laufen gleichzeitig, das strengt an … Ganz in der Nähe, ein Stück weiter noch, müsste, wenn mich nicht alles täuscht, eine Kirche stehen, bei der sich mindestens fünf verschiedene Baustile mischen. Da ist sie, genau hinter dem Bach …

Grillo Das ist ja großartig! Irre ich mich, oder sind das dorische Säulen?

Fo Ja richtig, genau! Sie stammen aus dem 5. Jahrhundert. Aber das Gebälk ist 400 oder 500 Jahre später entstanden! Und im Inneren könnt ihr Säulen in rein romanischem Stil finden.

Casaleggio Ich glaube, das ist die älteste christliche Kirche, die ich je gesehen habe!

Fo Donnerwetter, du bist wirklich gut informiert! Ja, genauso ist es! Man sagt, sie sei im 2. nachchristlichen Jahrhundert geweiht worden. Und wisst ihr, wer diesen verrückten Plan umgesetzt hat?

Grillo Naja, ich nehme an, die Christen, die hier gelebt haben!

Fo Du irrst dich, es war eine jüdische Gemeinde, die zum christlichen Glauben übergetreten und aus Palästina geflohen ist, nachdem die Römer Jerusalem vollständig zerstört hatten … Aber historisch ist diese Gemeinde von Exilanten überaus bedeutsam, vor allem deshalb, weil sie die ersten Evangelien geschrieben hat – und das in griechischer Sprache, denn sie hatte nach den 100 Jahren ihres griechischen Exils das Aramäische schon vollständig abgelegt und sich stattdessen das Griechische angeeignet.
Vorhin ging es um die Immigration. Man stellt sich immer die Verzweiflung und Perspektivlosigkeit vor, wenn man sein Land verlassen und dabei auch seine Kultur ablegen muss, um das nackte Leben zu retten, und dass dies das Ende für diese Kultur bedeutet. Aber hier haben wir den Beleg dafür, dass die Diaspora dieser Verzweifelten zu einer ganz neuen Kultur geführt hat.

Grillo Ja, aber du musst schon zugeben, dass das eine absolute Ausnahme ist, die kaum etwas mit der aktuellen Lage der Einwanderer zu tun hat, besonders in unserem

Land. Die Situation der Ausgrenzung von damals mag vielleicht in ihrer menschlichen Dimension an die verzweifelten Männer und Frauen erinnern, die heute auf klapprigen Kähnen übers Meer kommen und jedes Mal riskieren, im Mittelmeer zu ertrinken. Heute geht es aber vor allem um das gigantische Ausmaß des Phänomens, denn in wenigen Jahren sind Millionen verzweifelte Menschen zu uns gekommen.

Genau darum geht es: Die aktuelle Situation der Einwanderer ist weitaus gravierender, als wir denken. Es ist ein Problem von europäischer Tragweite, nicht nur ein lokales, das die Mittelmeerländer betrifft.

Fo Ja klar, man denke nur an die fremdenfeindlichen Äußerungen mancher Politiker, die solche Sätze von sich geben wie Francesco Speroni von der Lega Nord 2011: »Wenn sich unsere unbewaffneten Fischkutter der tunesischen Küste nähern, werden sie sehr oft mit Maschinengewehren beschossen. Lasst es uns doch genauso machen.« Ganz egal, ob sich in den Booten viele Frauen und Kinder befinden. Es ist das Ergebnis einer rassistischen Hetzkampagne in einem Land, in dem noch immer das Gesetz Bossi-Fini zur Abschiebung illegaler Einwanderer gilt.

Ich wehre mich auch gegen diese Auffassung der Lega Nord, wonach ein Einwanderer, vor allem ein illegaler, zwangsläufig kriminell wird und mit seinem unerlaubten Eintritt unserem Staat auch wirtschaftlich schadet. Erst einmal ist es allgemein bekannt, dass durch die Einwanderer jährlich ganze 6 Milliarden Euro an Steuergeldern in die Staatskasse fließen. Außerdem hinterziehen die Ausländer fast nie Steuern – und das aus einem einfachen

Grund: Wenn sie dabei erwischt werden, dass sie ihre Steuern nicht zahlen, fliegen sie raus.

Man darf auch nicht vergessen, dass die Geburtenrate in ausländischen Familien unsere demografische Entwicklung vor dem Kollaps rettet. Die Kriminalität bei Einwanderern ist größtenteils auf die Ausgrenzung zurückzuführen, in der sie zu leben gezwungen sind, und auf die illegale Einwanderung. Bei der Kriminalitätsrate in Italien ist festzustellen, dass im Verhältnis wesentlich mehr Ausländer als Italiener einsitzen. Die Ausländer sind aber nie für Mafia-Verbrechen oder Betrug oder Diebstahl innerhalb der öffentlichen Verwaltung verurteilt worden. Und was die Mädchen betrifft, die zur Prostitution gezwungen werden: In der Regel werden sie nicht bei uns angeworben, sondern kommen zusammen mit ihren Zuhältern aus dem Ausland, die ihnen die Papiere wegnehmen, um sie in sklavische Abhängigkeit zu zwingen.

Bestimmt habt ihr gemerkt, dass ausgerechnet jetzt, wo man ständig Wahlkundgebungen und politische Debatten auf den Plätzen und in den Medien zu sehen bekommt, die reaktionären, pseudofaschistischen Parteien und die Lega Nord, die jahrelang die Einwanderungsproblematik für ihre Zwecke missbraucht haben, um die Wähler aufzuhetzen und den Rassenhass bei ihnen zu schüren, dieses Argument auf einmal nicht mehr ins Feld führen. Die Wähler haben nämlich gelernt, die Ausländer, die in unseren Städten leben und arbeiten, zu akzeptieren. Sie wissen, welchen ökonomischen Vorteil die Einwanderer der Wirtschaft unseres Landes einbringen.

Grillo Ich würde noch weiter gehen. Nehmen wir Marokko: Dort leben 33 Millionen Menschen, denen es im

Durchschnitt nicht schlecht geht … Da aber ein Drittel ihrer Wirtschaft dafür draufgeht, die Kosten für den Import von Gas und Öl zu decken, könnte man die Abwanderung durch eine Förderung der erneuerbaren Energien in Marokko reduzieren. So könnten Arbeitsplätze geschaffen und die Investitionen für Öl und Gas gekürzt werden, die nur dem Ausland zugute kommen. Politische Entscheidungen dieser Art müssen für jeden einzelnen Staat getroffen werden. Wir müssen einfach unseren Horizont erweitern.

Und was den Strafvollzug betrifft – auch ich war in Finnland und in Schweden: Da gibt es eine Warteliste, um ins Gefängnis zu kommen. Jeder Häftling bekommt eine Zelle für sich. Da gibt es jährliche Konferenzen mit dem Gefängnispersonal, den Direktoren, mit Juristen und Richtern, und dort überlegt man, wie es weitergehen soll. Die Haftanstalten sollen vor allem dazu dienen, eine Person zu rehabilitieren und nicht, sie zu bestrafen und zu vernichten, basta. Bei uns werden sehr viele Ressourcen dafür verschwendet, den Angeklagten für den Prozess ins Gericht zu überführen, das zum Teil viele hundert Kilometer weit weg ist. In den nordeuropäischen Ländern kommt der Richter in die Haftanstalt, wo dann auch der Prozess stattfindet. So spart man viel Geld. Und es geht menschlicher zu, das stimmt. In Italien geht es um alles andere als Menschlichkeit und Wiedereingliederung. Man denkt sogar schon darüber nach, aus den Gefängnissen durch Privatisierung ein gewinnbringendes Geschäft zu machen.

Fo Geld zu verdienen auf Kosten eines armen Kerls …

Grillo In den USA haben die Gründer und Finanziers des multinationalen Konzerns für frittierte Hähnchen,

Kentucky Fried Chicken, dann auch noch die *Correction corporation of America* ins Leben gerufen, die weltweit erste Firma für »schlüsselfertige« Gefängniszellen. Von den Käfigen für Geflügel sind sie direkt zu Zellen für zwei, vier oder sechs Häftlinge übergegangen. Das Knowhow hatten sie schließlich schon! Vom Hähnchen zum Häftling. In den USA hat man in den letzten 30 Jahren Hunderte Privatgefängnisse gebaut. Und wir bewegen uns genau in die Richtung, die das amerikanische System vorgibt; seine Grundlage ist eine simple Software – ein unmenschliches System.

Casaleggio Die Zahl der Häftlinge ist in den USA abnorm hoch.

Grillo Beinahe 7 Millionen Menschen stehen dort unter Hausarrest, sind auf Bewährung in Freiheit oder sitzen im Knast. 7 Millionen Menschen von 315 Millionen insgesamt, das sind etwa 2 Prozent der Bevölkerung. 70000 Inhaftierte in Italien, das sind zwar auch viele, aber bei unserer Gesamtbevölkerung von 60 Millionen betrifft das wenig mehr als einen von Tausend.

Casaleggio Vor ein paar Monaten habe ich in der *Financial Times* eine Notiz des römischen Korrespondenten gelesen. Da ging es um politische Flüchtlinge, die hier um Asyl gebeten hatten. Die Menschen kamen aus dem Iran, dem Irak, aus dem Sudan. Sie alle waren aus ihrem Land geflohen, um nicht hingerichtet zu werden. Die Situation, in der sie hier leben, ist haarsträubend: 250 Menschen, dicht gedrängt im ehemaligen Sitz der geisteswissenschaftlichen Fakultät der Uni Tor Vergata in Rom. Ich habe zwei meiner Mitarbeiter hingeschickt: In dieser einstigen Lehranstalt gibt es eine einzige Toilette für 250 Menschen. Die Flüchtlinge schlafen zwischen den Bänken und versuchen, aus Italien rauszukommen, aber wegen der Dublin-II-Verordnung von 2003 sind sie gezwungen, in Italien zu bleiben, in dem Land also, das sie als Erstes aufgenommen hat. Wir haben einen von ihnen interviewt, dem es gelungen war, in die Schweiz zu flüchten, wo er allerdings sofort verhaftet, drei Monate ins Gefängnis gesteckt und anschließend zur Grenze zurückbegleitet wurde. Von dort hat man ihn in die Hölle nach Rom zurückgebracht. Jetzt kann er es nicht erwarten, wieder in die Schweiz zu flüchten und im Gefängnis zu landen, denn die Bedingungen waren dort besser.

Fo Das ist unglaublich, es kommt mir vor wie eine Geschichte aus *Gullivers Reisen*!

Grillo Aber in Rom weiß niemand, unter welchen Bedingungen die Menschen dort leben. Wenn du herumfragst, zucken alle nur mit den Schultern.

Fo In Mailand war ich in einem Auffanglager für Abschiebegewahrsam. Da habe ich einen riesigen Käfig gesehen, in dem die Menschen an den Gitterstäben angekettet waren wie Affen, und die Passanten beobachteten.

Grillo Diese Auffanglager sind alle gleich!

Fo Ich bin dort gewesen und habe mit den Leuten gesprochen. Sie waren verzweifelt, weil sie sich wie Tiere im Zoo fühlten.

Grillo Sie wissen nicht einmal, warum sie dort sind.

Casaleggio Viele junge Frauen kommen nach Italien, um zu arbeiten, und landen in der Prostitution. Wir haben viel Filmmaterial zusammengetragen und Texte gepostet über die ausländischen Mädchen, auch minderjährige. Es sind Kinder.

Fo Aber die Leute regen sich auf, wenn du öffentlich darüber sprichst, wenn du sie einbeziehst. Ich kenne einige Fälle von wirklich unmenschlicher Behandlung: Ein Junge ist hier an der Küste angekommen, man hat ihn 14 Tage in einem Lager gehalten wie einen Hund und gezwungen, seine Notdurft in einer Ecke zu verrichten. Dann endlich haben sie ihn mit ein paar anderen zusammen nach Bari gebracht, wo es Gefängnisse gibt, schreckliche Orte. Als man nicht mehr wusste, wohin mit ihnen, hat man es so eingerichtet, dass sie fliehen konnten. Man dachte, sie abhauen zu lassen sei die einzige Methode, sie loszuwerden. Dann konnten sie ja zusehen, wie sie zurechtkamen.

Europa schaut weg und auf Lampedusa krepieren die Menschen

Grillo Das Problem ist gigantisch … Aber man sollte die nationalen Eitelkeiten beiseite lassen. Vielmehr müsste man das Ganze sachlich angehen: Wir haben eine Bevölkerungsdichte von so und so viel, wir haben diese und jene Arbeitsplätze, unsere Wirtschaft ist in der Krise, wir haben die finanziellen Mittel für eine bestimmte Anzahl von Personen, und diesen Personen müssten die Grundrechte garantiert werden: Gesundheit, Betreuung, Sicherheit, Bildung. Europa müsste sich an diesem Prozess beteiligen, aber es schaut weg! Die Bürgermeisterin von Lampedusa hat uns einen Brief geschrieben, wirklich herzzerreißend. *(Er zieht ein Blatt hervor.)* Dario, lies daraus vor!

Fo »Ich bin die neue Bürgermeisterin der Inseln Lampedusa und Linosa. Seit meiner Wahl im Mai bis zum 3. November 2012 wurden mir schon 21 Leichen von ertrunkenen Menschen übergeben, die versucht hatten, Lampedusa zu erreichen. Das ist für mich unerträglich. Und für Lampedusa ist es eine unsagbar schmerzliche Last. Wir mussten über die Präfektur bei den Bürgermeistern der Provinz um Hilfe bitten, um den letzten 11 Leichen ein würdiges Begräbnis zu ermöglichen, denn die Gemeinde hatte keine Grabnischen mehr übrig. Wir werden neue einrichten, aber ich möchte euch allen eine Frage stellen: Wie groß soll der Friedhof auf meiner Insel werden? Ich begreife nicht, wie man eine solche Tragödie für normal halten kann, wie man aus dem alltäglichen Leben verdrängen kann, dass zum Beispiel erst kürzlich elf Menschen, darunter acht ganz junge Frauen und zwei Kinder von elf und dreizehn Jahren, alle miteinander gestorben sind auf einer Reise, die für sie der Beginn eines neuen Lebens werden sollte. 76 konnten gerettet werden, aber es waren insgesamt 115, denn die Zahl der Toten ist immer sehr viel höher als die Zahl der Leichen, die das Meer an Land spült. Ich bin entsetzt, dass sich alle schon daran gewöhnt zu haben scheinen, ich bin schockiert über das Schweigen Europas, das gerade erst den Friedensnobelpreis erhalten hat …«

Grillo Um welchen Frieden geht es? Den der Toten?

Fo »… und schweigt angesichts eines Blutbads, dessen Opferzahl die eines echten Kriegs erreicht hat. Ich komme immer mehr zu der Überzeugung, dass die Einwanderungspolitik Europas diese Todesopfer dafür benutzt, die Flüchtlingsströme einzudämmen, also als Mittel der Abschreckung. Wenn aber die Reise auf den Kuttern für diese Menschen die letzte Hoffnung ist, glaube ich, dass ihr Tod im Meer für Europa Scham und Schande bedeuten. In diesem überaus traurigen Kapitel der Geschichte, an dem wir alle mitschreiben, können wir nur noch auf die Männer des italienischen Staates stolz sein, die tagtäglich auch 140 Meilen von Lampedusa entfernt Menschenleben retten, während andere, die nur 30 Meilen von den Schiffbrüchigen weg waren wie am vergangenen Samstag, und mit den effizienten Schnellbooten, die unsere frühere Regierung dem Gaddafi geschenkt hat, hätten herbeieilen müssen, jede Hilfe verweigerten. Diese Schnellboote werden aber effizient dafür eingesetzt, unsere Fischkutter zu beschlagnahmen, auch wenn sie außerhalb der libyschen Hoheitsgewässer fischen. Alle sollen wissen, dass es Lampedusa mit seinen Einwohnern und den Mitgliedern der Rettungskräfte und Aufnahmeeinrichtungen ist, die diese Personen menschenwürdig behandeln und damit die Würde unseres Landes und ganz Europas wahren. Also, wenn diese Toten nur unsere Toten sind, möchte ich für jeden Ertrunkenen, der mir übergeben wird, ein Kondolenzschreiben erhalten. So als wäre seine Haut weiß, so als handele es sich um eines unserer Kinder, das während der Ferien ertrunken ist. *Giusi Nicolini, Bürgermeisterin von Lampedusa, 16. November 2012«*

Casaleggio Wir haben eine Filmaufnahme von Emma Bonino gepostet, die aus der Zeit stammt, als sie Ministerin für Europapolitik war. Einige Journalisten fragten sie, wie viele rumänische Einwanderer es gebe. Sie antwortete: »Mehr oder weniger 175 000.« Dann trat ein Mann an sie heran und überreichte ihr einen Zettel, woraufhin sie sich korrigierte: »Nein, es sind 287 000«.* Es ist paradox, dass sie keinerlei Vorstellung von der tatsächlichen Zahl hatte. Was für ein dilettantischer Auftritt!

---

* Dem Landesinstitut für Statistik (Istat) zufolge lag die Zahl der in Italien lebenden Rumänen im Jahr 2009 bei etwa 887 000 (A. d. Ü.).

UND HIER BEGINNT
DIE REVOLUTION

Weniger arbeiten, besser leben

Fo Machen wir uns wieder auf den Weg, aber auch auf die Suche nach Wegen für eine neue Politik.

Grillo Was wir noch ansprechen müssen: den Zerfall des partito padronale, der Partei, die ganz von ihrem Vorsitzenden abhängt und beherrscht wird. Andererseits ist ohnehin längst klar, dass die Partei als solche ein Auslaufmodell ist.

Fo Angesichts der Krise sind wir gezwungen, uns etwas Neues einfallen zu lassen, in der Politik ebenso wie in der Wirtschaft. Eine neue Denkweise!

Grillo Ein Denken, das die Zukunft im Blick hat, aber sich mit konkreten Dingen beschäftigt, die uns umgeben. Zum Beispiel: Wird man in 20 Jahren noch mit Beton bauen? Nein, man wird mit Holz oder besser noch mit Leimholz bauen, aber nur aus erneuerbaren und nachhaltigen Materialien (das sagt mir Renzo Piano). Bambus hält 1000 Jahre, Beton 100, also kann man Bambus mit Beton mischen, dann braucht man nur noch halb so viel davon, und der CO_2-Ausstoß wird dabei auch halbiert. Man muss Architekten, Ingenieure, Handwerker und Fachleute einbeziehen, die Lust und den Mut haben, die Welt zu verändern, in der wir leben. Zwei Zeilen reichen aus: Bis 2050 soll es nur noch nachhaltige Energie geben, und die Umstellung fängt sofort an.

Die Energie spiegelt eine Veränderung der Kultur, nicht der Politik. Es reicht nicht, Strom aus erneuerbaren Energien zu produzieren. Es geht auch darum, weniger zu produzieren. Weniger Material, weniger Energie, weniger Sachen, damit wir in 20 Jahren so weit sind, dass wir die gesamte heute aus Erdöl generierte Energie durch erneuerbare Energien ersetzen können. Wir müssen also den Konsum besteuern, den Konsum von unsinnigem Zeug. Damit beschäftigt man sich an der Uni Wuppertal und an der ETH Zürich. Dort entwickelt man einen Kühlschrank, der 100 Jahre hält – dauerhafte Gegenstände, die man reparieren und wiederverwerten kann. Man meint oft, dass Recycling nur bei bestimmten Dingen möglich ist. Das ist falsch, Recycling ist immer möglich, man muss es nur von Anfang an einplanen.

Casaleggio Vor ein paar Tagen habe ich mir den Kilometerzähler von meinem alten Volvo angeschaut. Dieses Auto hat für mich etwas Menschliches. Jedes Jahr denke ich mir, ich muss ihn ersetzen, aber ich hänge daran, also behalte ich ihn. Und da man sich beim Fahren langweilt, habe ich angefangen zu überlegen, wie vielen Minuten die 270 000 km entsprechen, die ich in den 13 Jahren gefahren bin, seit ich ein Auto habe. Das hat eine erschreckend hohe Zahl ergeben. Es geht also nicht um ein Hybridauto, das weniger Sprit verbraucht, sondern darum, dass ich weniger Zeit verbrauche, weil ich mich nicht im Auto verschleißen will! Ich habe aber überhaupt keine Lust, mich im Auto zu verschleißen! Eigentlich will ich ja Autos abschaffen.

Grillo Natürlich. Man braucht ja nur an die vielen Strecken zu denken, die Leute, die am Stadtrand leben, zwangsläufig zurücklegen müssen, um ihren Arbeitsplatz zu erreichen. Absurd. Wenn man all die Minuten zusammenzählt, ergeben sich schnell Lebensjahre, die man hinter dem Steuer verbringt.

Casaleggio Telearbeit ist kein Hirngespinst, man müsste nur die Dörfer und die Städte besser miteinander verkabeln. So könnte man vermeiden, dass die Leute fahren müssen. Viele könnten mehr Zeit mit der Familie verbringen, mit ihren Kindern, und mit ihnen spielen. Das wäre eine echte Revolution, anstatt nur zu berechnen, was man alles einsparen könnte. Neulich kam der große amerikanische Denker, Schriftsteller und Umweltschützer Lester Brown zu uns ins Büro und sagte, dass es uns gelingen muss, bis 2020 entscheidende Maßnahmen zu treffen, sonst ist der Planet verloren. Es reicht nicht, sich mit LED-Lampen oder autofreien Sonntagen zufrieden zu geben. Verzicht allein reicht nicht aus, wir brauchen einen Wandel; wir müssen Alternativen für dieses Zivilisationsmodell finden.

Fo Eine solche Politik verlangt dann allerdings eine Planung.

Casaleggio Klar, aber das ist machbar, die Leute wollen, dass diese Politik umgesetzt wird. Wir können sie fragen: Wollt ihr lieber um 6 Uhr abends zurück bei eurer Familie sein, über Freizeit verfügen, um Spaß zu haben oder sonst etwas, oder wollt ihr lieber erst um 8 Uhr abends nach Hause kommen, nach zwei Stunden Stau im Auto? Was meint ihr, was sie euch sagen? Wenn du Telearbeit umsetzt, mit steuerlichen Erleichterungen für die Unternehmen und mit eigenen Gesetzen, und damit drastisch den Verkehr reduzierst, stürzt du natürlich die Autofabriken in die Krise und schadest den Ölfirmen, und das Steueraufkommen aus der Spritsteuer schrumpft. Und da fängt die Revolution an. Dann reden wir nicht mehr von Effizienz, sondern von Lebensqualität, von einem anderen Modell, das möglich ist.

Ersparnis und Qualität

Fo Pardon, aber inzwischen zerstört man in Afrika ganze Waldlandschaften mit den Rückständen aus der Erdölförderung. Kein Mensch kontrolliert dort irgendetwas, es ist allen völlig egal, und die Leute mussten ihr Land verlassen, das noch zehn Jahre vorher mit Tausenden Kilometern Wald bedeckt war. Es gab Flüsse, in denen es von Fischen nur so wimmelte, und jetzt ist alles zerstört ... Es ist ja nicht so, dass die Herren der Bohrtürme vor ein paar Jahren nicht wussten, dass es in Afrika Erdöl gibt, aber sie wussten, dass es nicht einfach ist, es zu fördern. Mehr noch: Sie wussten, es ist unrein und die Kosten sind hoch. Ich glaube nicht, was die uns erzählen, dass man ohne Ende in unserem Untergrund bohren kann! Sie reden jetzt von 70 Jahren Reserve und dass es erst danach keins mehr gibt. Aber wir sollten uns so verhalten, als wäre schon morgen kein Erdöl mehr da, und nicht darauf warten, dass der Markt uns irgendwann sagt: Stopp! Wir haben keins mehr!

Grillo Der Markt erzählt viel, wenn der Tag lang ist.

Casaleggio Ja, wir müssen das vorher angehen. Die Nachricht, dass das arktische Eis schmilzt, wird als großartige Nachricht begrüßt …

Fo Warum das?

Grillo Es gibt eine Luftaufnahme mit vielen hunderten Schiffen, die darauf warten, dass die letzte Eisbarriere aufbricht. Die stehen schon bereit, um sofort neue Bohrungen anzusetzen.

Casaleggio Die Zerstörung des Planeten ist schon ziemlich weit fortgeschritten, es gibt immer wieder neue Ansätze dazu. Da lässt man nicht locker. Auch die alarmierende Nachricht, dass das ewige Eis schmilzt, verheißt neue Einnahmequellen und wird daher mit Erleichterung aufgenommen und nicht mit Beklemmung. So als würden sich die Dinosaurier über den Anblick des Meteoriten freuen, der sie von der Erde tilgt.

Fo Was kümmert es sie schon, dass die Welt auf ihr Ende zusteuert? Also volle Kraft voraus, was zählt, ist der Gewinn!

Grillo Eben, und wenn das Erdöl in 70 Jahren alle ist, haben wir immer noch mehr als 100 Jahre Kohle. Jedenfalls wendet der Ölmagnat sich dorthin, wo er mehr »Kohle« machen kann. Warum? Weil er in den Genuss der enormen Finanzmittel kommt, die von den Regierungen für Windkraft bereitgestellt werden, und das nutzt er auch aus. Also ist das System falsch konstruiert. Nicht die Art der Energie gibt den Weg vor, sondern der Profit, den sie abwirft. Jetzt laufen wir Gefahr, mit Windkrafträdern zugepflastert zu werden.

Noch einmal zurück zu Deutschland: Wie hat sich diese Wirtschaft verhalten? Sie hat einen Plan erstellt, die Bundesbank hat ihn zum Nullzins finanziert, mit der ersten Tilgungsrate nach drei Jahren.

Fo Na ja, auch wir haben ja was Ordentliches und Positives gemacht. Das Problem ist nur, dass die Mafia sich diese Vergünstigungen angeeignet und nicht Millionen, sondern Milliarden geklaut hat – über Schein- und Briefkastenfirmen, nur um an das Geld heranzukommen.

Grillo Sagen wir dem Markt die Wahrheit. Aufgrund der Schäden, die das Erdöl anrichtet, und wegen der Kosten, die wir tragen, müsste das Benzin 4 Euro kosten, und eine Regierung müsste dementsprechend handeln. Die Autohersteller müssten sich anpassen und Energieeffizienz anstreben.

Wenn ich ein Auto habe, das halb so viel verbraucht, und das Benzin doppelt so viel kostet, ändert sich für mich nichts. Die Besteuerung sollte man von der Energieeinsparung abhängig machen und solche Produkte belasten, die die Lebensqualität beeinträchtigen: allen voran Erdölderivate, Verpackungen, den gesamten Einwegbereich. 90 Prozent des Materials um uns herum landen binnen eines Monats auf einer Müllhalde oder werden verbrannt. Unser Leben ist also schlecht geplant, wenn wir es wegschmeißen.

Der belgische Unternehmer und Schriftsteller Gunter Pauli, der Initiator der blue economy, berichtet, dass ein Manager in China wunderbare Systeme entwickelt hat, bei denen der Ausschuss der einen Firma zum Rohstoff für die nächste wird und so weiter. In Indien hat er fast alle Schlachthöfe zu Genossenschaften zusammengeschlossen, so dass die Fleischabfälle zu anderen Firmen kommen, die daraus Futter für die Fischzucht herstellen. Und damit nicht genug, denn aus dem Material am Boden der Fischzuchtbecken gewinnt eine andere Firma das Substrat für die Kultivierung von Pilzen. Da wird nichts weggeworfen, alles wird wiederverwertet und umgewandelt. Wenn 3 Milliarden Menschen – Inder und Chinesen – unseren Lebensstil haben wollen, wie soll das gehen? Haben wir dann anderthalb Milliarden Autos auf den Straßen? Das geht doch gar nicht.

Fo Deutschland, das Grillo vorhin erwähnte, ist schon dabei, sich darauf einzurichten, auch wenn es die Absatzkrise auf dem Automarkt noch nicht so heftig spürt …

Grillo Man redet immer über Merkel, aber kaum über Deutschland: darüber, wie man dort Arbeit organisiert und was man in den letzten Jahren gemacht hat. Bei Volkswagen zum Beispiel ist die Gewerkschaft im Aufsichtsrat vertreten und nimmt an den unternehmerischen Entscheidungen teil, was bei uns unvorstellbar wäre. Und als der Euro an die Stelle der Mark getreten ist, haben Unternehmer und Gewerkschaften gemeinsam versucht, eine Politik für die kommenden Jahre zu entwerfen, ausgehend von der voraussichtlichen Marktentwicklung. Wer hat bei uns in Italien schon eine Vorstellung davon, was in 50 Jahren passieren wird? Wie wird mein Sohn sich in 30 Jahren fortbewegen? Welche Art von Energie wird er verwenden? Wie werden wir uns bewegen? Wie lange werden wir täglich arbeiten? Das ist Politik, und die gibt es bei uns nicht mehr, verdammt!

Fo Das Problem wird darin bestehen, weniger zu arbeiten, um weniger Energie zu verbrauchen.

Grillo Das Minuszeichen müsste man vor jede Tätigkeit setzen. Minus mal minus ergibt plus, in Italien scheinen wir aber immer noch auf ein Pluszeichen fixiert zu sein, das am Ende zu einem Minus wird und basta. Wenn wir es schaffen, weniger Energie zu verbrauchen, dann deshalb, weil es uns gelungen ist, durch Investitionen und Entwicklung die Effizienz eines Motors zu verbessern, und dank dieser Einsparung können wir bei gleichen Kosten den Verbrauch steigern. Mehr Effizienz heißt mehr Verbrauch, aber sauberer Verbrauch, der für Mensch und Umwelt nicht schädlich ist.

Wo sind die Wirtschaftsexperten?

Casaleggio Diese Situation, von der du redest, hat ihren Grund, und der liegt letztlich darin, dass das Kapital stets Zinsen abwerfen muss. Der Wildwuchs der Kapitalverzinsung ist es doch, der alles über den Haufen wirft, der Turbokapitalismus. Ob du acht, zwölf oder vierzehn Stunden arbeitest, das Kapital muss auf jeden Fall Gewinn abwerfen. FIAT-Chef Marchionne sucht sich seine Standorte danach aus, wo das Kapital besser verzinst wird. Das Kapital hat längst die Oberhand über die Demokratie gewonnen, die nur noch ein Klotz am Bein ist, ein Zeitverlust. Das Kapital will einen anderen, schnelleren Rhythmus und keine Regeln; es besetzt mit seinen Vertretern die Institutionen.

Grillo Ja, aber dann sollte man wieder Marx lesen. Marx hat das alles schon gesagt.

Casaleggio Seit Marx' Zeiten haben sich die Dinge stark verändert. Auch wenn du heute unendlich viel Energie zu geringen Kosten zur Verfügung hättest, möchte das Kapital dennoch aus dieser unerschöpflichen Energie Gewinn ziehen, und folglich würde sich nichts ändern. Man muss die Gesellschaftsstrukturen verändern, nicht die Dynamik der Energieverwendung. Die Wirtschaftsexperten scheinen das nicht zu begreifen und die Medien genauso wenig. Wenn sie sagen: »Jetzt sprechen wir über Wirtschaft«, reden sie von der Börse. Das zeigt, dass ihnen auch der Sinn der Wörter abhanden gekommen ist, denn Wirtschaft heißt nicht über Geld reden.

Grillo Wirtschaft heißt, über Dinge reden, die man anfassen kann, die hergestellt werden, konkrete Dinge, Tonnen von Waren, die dank Milliarden Tonnen Erdöl verschoben werden, mit allen unseligen Auswirkungen auf das Ökosystem. Das ist die Wirtschaft! Wenn wir also über Wirtschaft reden wollen, müssen wir über die Transporte reden und uns mit dieser absurden Schizophrenie auseinandersetzen. Vor ein paar Wochen habe ich in Genua eine Pasta al pesto gegessen: Das Basilikum kam aus Vietnam und der Knoblauch aus China. Wie kann es sein, dass die billiger sind? Solange der Ölpreis klein gehalten wird, mag es sich lohnen. Aber das ist doch schizophren! Machen wir uns also Gedanken über die Waren und den Warenverkehr. Wir müssen unnütze Großprojekte wie Hochgeschwindigkeitsstrecken vermeiden und unsere Transportwege im Sinne der Energieeinsparung und einer lokalen, nicht auf Verschwendung beruhenden Ökonomie neu konzipieren.

Hier geht es nicht darum, eine politische Klasse durch eine andere zu ersetzen, hier geht es um allgemeine Fragen, um weltweite Probleme. Es geht darum, das Leben neu zu gestalten, und dazu brauchen wir ein neues Denken. Politik allein bringt es nicht.

Fo Lasst uns noch in eine andere Richtung denken. Ihr wisst bestimmt, dass eine Milliarde Menschen auf der Erde keinen Zugang zu Energie in irgendeiner Form haben. Sie sind also von jedem Entwicklungsmodell, wie wir es verstehen, ausgeschlossen. Sind das unglücklichere, verzweifeltere oder ärmere Leute als wir? Vor kurzem habe ich einen Dokumentarfilm über das Amazonasgebiet gesehen, die Geschichte eines Volkes, das seit Jahrhunderten im Urwald lebt und dann im Mündungsgebiet des großen Flusses auf die Weißen stößt, die ihnen Arbeit bei der Abholzung anbieten. Sie lernen sogar, die Maschinen und die großen Motorsägen zu bedienen. Schließlich lernen sie auch, sich zu besaufen und zu den Huren zu gehen. Und dann plötzlich verschwinden sie alle.

Was ist passiert? Sie sind in den Urwald zurückgekehrt, wo sie sich endlich wieder in ihrer Welt zurechtfinden. Genau das ist das Unglaubliche. Wir denken, Erfolg, Glück und genug zu essen reichen aus, um zufrieden zu sein. Dass Fortschritt uns zufriedener macht. Wir neigen dazu, das zu glauben, aber vielleicht ahnen wir insgeheim, dass dem nicht so ist. Wir wissen nur nicht, wie wir es anstellen sollen, einen Punkt zu setzen und einen Neuanfang zu wagen.

Eine neu definierte Intelligenz

Grillo Wir brauchen eine neue Zeit des Aufbruchs. Der frühere saudi-arabische Erdölminister Zaki Yamani hat einmal gesagt: »Wir müssen nicht warten, bis das Erdöl alle ist: die Steinzeit kam auch nicht deshalb an ihr Ende, weil die Steine alle waren.«

Fo Witzig.

Grillo Atomkraftwerke und auch Kohlekraftwerke – die in den USA inzwischen verboten wurden – verbrauchen Wasser. 40 Prozent des französischen Trinkwassers werden von den 58 Atomkraftwerken im Land verbraucht. Wir bezahlen die Atomkraft mit unserer Wasserrechnung, das weiß nur keiner.

Wenn wir sagen: Das Erdöl ist in 20 Jahren aufgebraucht, juckt das niemanden, weil kein Mensch bereit ist, über den eigenen Tellerrand zu schauen. Dazu müsste man über das Problem-Lösung-Schema hinausgehen, das unser Verhalten bestimmt. Wenn wir mit diesem Buch einige Probleme und gleich auch die Lösungen dazu vorstellen würden, wäre das auch nur eine Scheinlösung. Wir müssen uns bewusst werden, dass nur eine neu konzipierte Intelligenz uns retten kann, ein neues Verständnis der Dinge, der Welt und von uns selbst.

Du hast recht. Niemand hier will für so komplexe Probleme Lösungen anbieten. Wir leben in einer Zeit, in der sich das Denken, die Politik und die Wirtschaft grundlegend verändern. Das Netz erlegt unserer Intelligenz eine Beschleunigung auf, die bis vor ein paar Jahren unvorstellbar gewesen wäre. Die Welt ist nur einen Tastendruck von uns entfernt, wir können alles über sie erfahren, indem wir auf unser iPhone tippen. Man braucht sich bloß vor Augen zu halten, dass schon heute mehr als die Hälfte der Fernsehgeräte in den USA WLAN-fähig sind: Sogar ein Rentner kann von seinem Sessel aus ohne Schwierigkeiten ins Internet gehen.

Casaleggio Was in den neunziger Jahren in Italien mit der explosionsartigen Verbreitung der Handys passiert ist, wiederholt sich nun bei den mobilen Geräten mit Netzzugang – iPad, Tablet und iPhone –, und dies wird sich auf die italienische Politik enorm auswirken. Wir befinden uns mitten in einem großen Umbruch. Die Schwarmintelligenz bildet sich anhand der nun verfügbaren Geräte heraus.

In ein paar Jahren werden wir mit allen Gegenständen in einem Raum in Interaktion treten. Die Tasse, aus der ich meinen Kaffee getrunken habe, sagt mir dann, wie viel Zucker im Kaffee war, welche Kaffeemarke ich gewählt habe und wo die Tasse hergestellt wurde. Wenn ich schon einmal aus dieser Tasse getrunken habe, wird sie mich erkennen und zu mir sagen: »Guten Tag, Roberto, aus dieser Tasse hast du schon an dem und dem Ort getrunken.« Die Tasse wird dann mit dem Netz verbunden sein, und dann können alle erfahren, dass ich an einem bestimmten Ort aus dieser Tasse getrunken habe, dass es ein Kaffee einer bestimmten Sorte war und dass ich einen Löffel Zucker beigegeben habe.

Genauso kann man es mit einem Verkehrsschild machen: Wir kommen in einer Stadt an, bleiben vor einem Verkehrsschild stehen und sprechen mit ihm, bitten es um eine Auskunft, und es antwortet uns, vielleicht mit der Stimme des Bürgermeisters. Jeder Gegenstand wird mit dem Netz verbunden sein und über eine eigene Intelligenz verfügen, die mit uns interagieren kann. Und diese Intelligenz wächst exponentiell, denn jeder Gegenstand erhält die Informationen von der Summe aller im Netz vorhandenen Informationen.

Grillo Eine Welt beinahe außerhalb der gängigen Logik. Science Fiction.

Casaleggio Auf Facebook schaffst du dir eine Identität. Wenn einer stirbt, und er hat in seinem Testament nicht festgelegt, dass jemand sie aus Facebook löschen soll …

Fo … lebt sie weiter.

Casaleggio Jetzt kommen langsam digitale Testamente auf, mit denen man festlegen kann, im Todesfall von Twitter, Facebook, YouTube gelöscht zu werden oder einen Account zu vererben, weil es auf einem YouTube-Kanal womöglich wertvolle Videos gibt, deren Rechte dir gehören. Noch sind digitale Testamente nicht weit verbreitet, das wird sich aber bald ändern. Derzeit gibt es schon Millionen verstorbene Amerikaner, die einen Facebook-Account hatten. Da kann es dir passieren, dass du weiter mit ihnen kommunizierst, aber sie antworten nicht.

Grillo »Was ist denn los, verdammt, warum antwortest du nicht? Willst du nicht mehr mein Freund sein? Habe ich dir etwas getan? Sag mir, warum! Schon seit einer Woche versuche ich dich zu erreichen, bist du auf Reisen?« Der ist tot und du redest immer noch mit ihm …

Casaleggio Das Schöne ist aber, dass er dir seine Freundschaft angeboten hat und dass er sie dir auch nach seinem Tod noch bewahrt.

Grillo Es gibt jetzt auch digitale Bestattungen: Du bezahlst einen Service, der dir mitteilt, dass einer deiner

Facebook-Freunde gestorben ist. Du schickst E-Mails. Wenn er nicht antwortet, schickst du noch eine. Wenn er immer noch nicht antwortet, wirst du automatisch verständigt: »Diesen Menschen nicht mehr anschreiben, er ist gestorben!«

Stellt euch mal vor, wie sich das Leben entwickelt, der Tod ... Du stirbst nicht mehr. Wir befinden uns mitten in etwas völlig Neuem, Unglaublichem. Gianroberto ist es ja schon gewohnt, er lebt in dieser Welt, er ist ja auch schon ein wenig toter als ich, im Sinne des realen Lebens.

Casaleggio Na ja, da müsste man sich darauf verständigen, was Leben heißt ... Einmal bin ich einem befreundeten Architekten auf Second Life begegnet, einer im Netz geschaffenen digitalen Welt. Ich hatte ihm den Auftrag für ein Haus im virtuellen antiken Griechenland erteilt, das ich bis ins letzte Detail ausgearbeitet hatte. Wir verabredeten uns auf der Insel, es war frühmorgens und die Sonne ging gerade auf. Wir begrüßten uns über unsere beiden digitalen Identitäten, inspizierten das Haus und entdeckten dabei in den Fresken zwei Fehler. Nach einer Weile war uns gar nicht mehr bewusst, dass wir uns in einer Scheinwelt befanden.

Wir kommen wirklich in die Science Fiction. Vorhin haben wir über Schwarmintelligenz gesprochen. Was kollektive Intelligenz vermag, ist tatsächlich außerordentlich! Wenn wir Hunderttausende Gehirne auf einen Nenner bringen, kann das zu einem umwerfenden Ergebnis führen, aber wir kennen es noch nicht. Wir sind es nicht gewohnt. Üblicherweise teilen wir unsere Informationen mit einem kleinen Kreis von Leuten.

Fo Die Welt, die ihr da an die Wand malt, verstehe ich

nur ansatzweise. Wenn wir von Dingen reden, die ich anfassen kann, die ich aus eigener Erfahrung kenne, ist das
anders. Bleiben wir doch auf dem Teppich. Zum Beispiel
beim Thema Energieeinsparung, das wir vorhin angesprochen haben: die Möglichkeit, Wohnungen mit Materialien zu bauen, die die Wärme im Haus halten und es
gegen den Frost oder im Sommer gegen die Hitze ab-
schirmen. Oder auch das Bauen in Gegenden, die immer
wieder von Erdbeben heimgesucht werden. In Umbrien,
wo ich wohne, verändern diese neuen Methoden den her-
kömmlichen Häuserbau: So lernen etwa die Bauern, die
ihre Häuser seit Jahrhunderten aus Steinen oder Ziegeln
bauen, diese völlig neuen Systeme kennen und sparen damit Zeit und Geld. Das ist eine gewaltige Veränderung,
die man sehen kann, und sie verändert den Alltag unab-
hängig vom Netz.

Grillo Meinst du das Haus, das dein Sohn Jacopo gebaut
hat?

Fo Ja, das von Jacopo: Viele Architekten und Ingenieure
aus verschiedenen Ländern kommen, um es sich anzusehen und zu erkunden. Es wurde von Handwerkern gebaut,
die in Südtirol neue Materialien und Methoden auspro-
biert haben und dabei von den Bergbauern ein erstaunliches Wissen über den Holzbau erworben haben. Alles
wird in der Fabrik hergestellt, dann angefahren und in
wenigen Tagen zusammengebaut: vom Dach bis zu den
Wänden, zur Haustechnik, ja sogar zu den Möbeln. Diese
Technik findet immer mehr Verbreitung.

Geteiltes Wissen

Casaleggio Ja, in diesem Fall nutzt du die kollektive Intelligenz zur Lösung eines Problems, etwa des Heizens. Künftig wird unser Hirn weltumspannend sein. Wenn ein Problem alle betrifft, wird es von allen gelöst, die sich damit auskennen, und das viel schneller als heute.

Vor Jahren hat sich im Netz eine Community von Amateurastronomen gebildet, die zwar nicht über die wissenschaftliche Ausrüstung der großen Observatorien verfügt, aber heute wirklich sehr erfolgreich ist. Sie entdeckt neue Galaxien, Supernovae und schwarze Löcher, weil sie Intelligenzen, Daten und Informationen bündelt. Vor drei Jahren habe ich in San Francisco an einer Konferenz teilgenommen, auf der Al Gore vom CO_2 sprach. Er redete über die Erderwärmung, die Ernährungskrise und das enorme Potential des Netzes, die Probleme der Welt zu lösen.

Fo Was die kollektive Intelligenz betrifft, bin ich absolut begeistert. Lasst mich noch einmal eine historische Parallele ziehen. Ich weiß nicht, ob ihr euch an meinen Hinweis auf die Comacini erinnert, die Steinmetzen, die Geräte oder »Rüstzeug« verwendeten, wie man es damals nannte. Diese Leute lebten in einer Art Genossenschaften mit Regeln und Gepflogenheiten, die sich auf ihre gesamte Lebensweise erstreckten. Aber auch Eratosthenes von Kyrene, von dem ich zu Anfang erzählt habe, hatte den Umfang der Erde und ihren Abstand zur Sonne erahnt, und doch war er keine einzelne, isolierte Intelligenz, sondern er stand in Verbindung mit Hunderten anderen Männern und einigen Frauen, die über ein großes Wissen und außerordentliche Kenntnisse verfügten. Vom 5. bis zum 3. Jahrhundert v. Chr. stammten in der Tat die wichtigsten Entdeckungen zur antiken Mechanik der Himmelskörper von Wissenschaftlern aus Griechenland und der Magna Graecia, dem heutigen Süditalien. Sie forschten, studierten und produzierten gemeinsam.

Wir müssen aber auch noch eine andere Sache berücksichtigen, die, glaube ich, sehr wichtig ist: die Bedeutung des Individuums. Das Individuum lernt auch dank der Gemeinschaft dazu, aber zunächst verfügt es über eine eigene Kreativität, die von den anderen Menschen aus seinem Umfeld Anstöße und Rückmeldungen bekommt; es bildet also einen Kern, der in Verbindung mit anderen ähnlichen, aber nicht gleichen Wesen Handlungen einer höheren Intelligenz hervorbringt.

Wie jetzt entdeckt wurde, verfügt jeder Mensch über ein Gehirn, das sich in Form und innerem Aufbau von dem der anderen unterscheidet. Ich habe mich vor kurzem für ein besonderes Experiment zur Verfügung gestellt: Die Universität Pisa hat mein Gehirn fotografiert, um es zu studieren. Ich habe mir gesagt: »Mein Gott, wer weiß, was da passiert? Hoffentlich entdecken sie nicht eine gähnende Leere!« Spaß beiseite, am Ende überreichten sie mir ein großes Foto von meinem Gehirn mit allen möglichen vergrößerten Detailaufnahmen. Die Wissenschaftler erläuterten die Aufnahmen und zeigten mir die besonders auffälligen Varianten meiner Gehirnstruktur. Dabei beharrten sie darauf, dass man an diesen beinahe grafischen Formen ablesen kann, wie sehr sich die geistige, schöpferische und emotionale Persönlichkeit eines jeden Menschen von der eines anderen unterscheidet. Folglich gibt es keine Gehirnstruktur, die für bestimmte Leute typisch ist, sondern jedes Hirn hat seine eigene Struktur, seine Varianten und seine Zusammensetzung. Diese Einzigartigkeit steht der anderen Lesart entgegen, die ihr vorhin geäußert habt, wonach mehrere denkende Maschinen in eine Art Gleichtakt versetzt werden und in gemeinsamer Überlegung kollektiv etwas erarbeiten.

Grillo Die Individualität verschwindet ja nicht, das eine schließt das andere nicht aus.

Fo Ich meine, zum Glück gibt es diese andere Welt der Individuen, die handeln und Gedanken umsetzen, sonst gäbe es keine Musik, sonst hätten die Menschen nicht die Malerei, die Kunst und nicht einmal die Mathematik erfunden. Ich befürchte, eines Tages wird man sagen: »Es gibt ja die Schwarmintelligenz, die wird es schon richten.«

Casaleggio Aber diese Intelligenz sind doch wir alle. Es ist der Wissensaustausch, der es uns möglich macht, weiter zu denken als der Einzelne. Der gemeinsame Nenner unseres gesammelten Wissens versetzt uns in die Lage, Lösungen auf einer höheren Ebene zu finden. Ich war schon immer überzeugt, dass 100 Leute vernünftiger denken als einer allein.

Fo Damit bin ich voll und ganz einverstanden …

Grillo Wir sind schon mitten drin in einem Wandel der Sprache, der Kultur, des Austauschs und des Denkens, und ob wir das wollen oder nicht, wir werden anders sein. Ob das besser oder schlechter ist, weiß ich nicht, unsere Kinder und unsere Enkel werden es ja erfahren. Uns ist jetzt nicht recht klar, was gerade vor sich geht, wir verstehen nicht, was es bedeutet, das Wissen mit vielen tausend Menschen zu teilen, und was das politisch heißen kann.

Aber es handelt sich eindeutig um eine epochale Umwälzung, so wie seinerzeit die Erfindung des Buchdrucks: Er veränderte die Art, wie Kultur genutzt wurde – und damit auch die Gesellschaft.

Früher habe ich das anders gesehen, bei meinen Auftritten zerstörte ich Computer, um sie als unnütze und schädliche Apparate zu brandmarken. Dann habe ich mich eines Besseren belehren lassen. Ich habe verstanden, dass das Netz die Macht hat, mein Verhältnis zur Welt zu verändern, meine Beziehung zu Raum und Zeit, meine Art, mich zu informieren und Wissen zu erwerben. Die politische Macht hat das Netz noch nicht blockiert, weil sie es noch nicht verstanden hat, und die Kirche hat es auch nicht kapiert, aber die 5-Sterne-Bewegung verdankt ihre Existenz dem Netz.

Fo Ich benutze das Internet sehr intensiv, wenn ich eine Geschichte entwerfe, eine Figur, aber wenn ich nicht auch auf anderen Wegen den Abgleich mit weiteren Quellen hätte und mich nicht auch mit Leuten austauschen würde, die gern recherchieren, würde ich fürchterliche Fehler begehen, denn oft, wenn auch nicht immer, sind die ersten Informationen, die man findet, unpräzise, banal und oberflächlich.

Casaleggio Das hängt davon ab, welchen Vergleich man anstellt. Nehmen wir einmal die *Encyclopaedia Britannica*. In dem Buch *Wikinomics.** weisen die Autoren Don Tapscott und Anthony D. Williams nach, dass die *Encyclopaedia Britannica* weniger zuverlässig ist als Wikipedia, und

---

* Don Tapscott, Anthony D. Williams: *Wikinomics. Die Revolution im Netz.* Carl Hanser Verlag, München, 2007 (A. d. Ü.).

warum für dieses große Nachschlagewerk die Zeit definitiv abgelaufen ist. Wer würde das nicht so sehen! Vor zwei Jahren hat der Präsident der *Encyclopaedia*, Jorge Cauz, angekündigt, dass die Ausgabe 2010 als letzte auf Papier gedruckt wird. Die Anzahl der Artikel auf Wikipedia ist jetzt schon viel höher als in der *Encyclopaedia*, die im Verhältnis mehr Fehler enthält. An einem Artikel für Wikipedia beteiligen sich Millionen Menschen in Echtzeit, während es bei der *Encyclopaedia Britannica* vielleicht ein paar tausend sind, gewiss lauter hochspezialisierte Leute. Aber es ist unmöglich, sich mit der endlosen Zahl von Beiträgern und Revisoren online auseinanderzusetzen. Diese Schlacht ist von vorneherein verloren.

Fo Ja, da hast du recht. Aber vor ein paar Monaten habe ich mich mit dem Erdbeben von L'Aquila im April 2009 beschäftigt und im Internet zur Geschichte der Stadt und zu verschiedenen Erdbeben recherchiert, die es dort im Lauf der Jahrhunderte immer wieder gab. Dabei habe ich etwas Erstaunliches entdeckt: Irgendwann war die Bevölkerung stark zurückgegangen und in großes Elend versunken. Um den völligen Untergang der Stadt zu verhindern, stellte ein Bischof es Priestern und Ordensschwestern frei zu heiraten und Kinder zu kriegen. Eine wunderschöne Geschichte: all diese Priester und heiligen Frauen, die sich aus Liebe zu Gott fortpflanzen und auf diese Weise die Stadt retten. Diese Episode wurde im Internet auf das Jahr 1700 datiert, und das kam mir etwas merkwürdig vor, zu nahe an unserer Zeit. Es handelte sich in der Tat um einen Fehler.

Ich habe dann in den Überresten der Bibliotheken von L'Aquila nachgeforscht und entdeckt, dass das Ereignis viel früher stattfand, im 14. Jahrhundert, als die Stadt entstand. Danach bin ich auf den Chronisten und Hofnarren Buccio di Ranallo aus dieser Zeit gestoßen und musste erkennen, dass diese Geschichte viel komplexer ist. Es war nämlich so: Der Bürgermeister ließ zunächst die Stadtmauern wieder aufbauen, um die überlebenden Einwohner in der Stadt zu halten. Das gelang ihm aber nicht, und aus Verzweiflung über die Entvölkerung von L'Aquila bat er den Bischof um Hilfe. Der hatte längst bemerkt, dass Klöster und Konvente, die wie Festungen gebaut waren und daher den Erschütterungen standgehalten hatten, von überlebenden Männern und Frauen überfüllt waren, die praktisch in geistlicher und körperlicher Gemeinschaft mit Ordensbrüdern und -schwestern lebten. In gemischten Gemeinschaften entstehen immer Beziehungen und Liebesgeschichten. Die aus dieser Gemeinschaft hervorgegangenen Kinder wurden als Geschöpfe Gottes und als Rettung für die Stadt betrachtet. Und daraufhin ließ der Bischof Äbte, Äbtissinnen und Novizen zu sich kommen und erlaubte ihnen die Heirat untereinander und die Paarung mit den Überlebenden beiderlei Geschlechts. Ich will damit sagen, dass man Informationen im Netz immer überprüfen und vertiefen muss, sonst riskiert man peinliche Fehlgriffe.

Casaleggio Ja, man schaut ja nicht einfach ins Internet und findet dort die Wahrheit. Im Internet findet man eine relative Annäherung an die Wahrheit. Wenn man natürlich nach einem ganz besonderen Ereignis sucht, das folglich von wenigen überprüft wurde, liegt die Fehlerquote höher.

Fo Ich gebe ja zu: Bis ich die Vorzüge des Internet entdeckt hatte, brauchte ich einen Monat, um eine Information zu erhalten. Jetzt hab ich sie in drei Minuten. Aber ich weiß, dass ich sie überprüfen muss. Dann wende ich mich an eine Quelle oder an eine Personengruppe, die diese Information schon geprüft und von allen Abweichungen befreit hat, vor allem von den Verfälschungen der Zensur, nicht zuletzt der kirchlichen Zensur.

Glaubwürdigkeit im Netz

Casaleggio Wir vergleichen jetzt allerdings unterschiedliche Formen der Wissensvermittlung. Dario hat vor allem Bücher, Theater und persönliche Begegnungen im Blick. Ich habe bei der Verbreitung von Wissen mehr das Netz im Sinn.

Fo Ihr dürft aber auch nicht außer Acht lassen, wie sehr es auf die Persönlichkeit und auf das Recherchieren ankommt. Beppe ist zum Beispiel ein absoluter Sonderfall in der gesamten italienischen Theaterlandschaft.

Casaleggio Was im Netz zählt, ist die Glaubwürdigkeit, die man sich erarbeitet. Wenn du glaubwürdig bist, giltst du im Netz mehr.

Fo Wenn ich dir zuhöre, wird mir klar, dass sich hinter deinem Diskurs eine Art Metaphysik der Kollektivität der Individuen, des gemeinsamen Schaffens verbirgt. Glaubwürdigkeit erlangt man aber auch in der direkten Beziehung zu den Menschen, wenn man mit ihnen zusammenkommt und mit ihnen redet. Das ist mühsam, es verlangt Übung und Fleiß, aber dann ist es, als ob magische Fäden Körper und Geist durchziehen. Beppe schafft es, wie ein

Wasserfall zu reden, und er trifft sie ins Herz, er verschaukelt sie und kriegt sie dran! Er hat die außerordentliche Gabe, unter die Haut zu gehen, und das kommt davon, dass er an vielen, auch ungewöhnlichen Orten ist und in ständigem Gedanken- und Ideenaustausch mit den Leuten steht. Es kommt von den langen Nächten, in denen einer nach Lösungen sucht, die noch so entlegen scheinen. Aber es gibt immer einen Weg, an die Leute heranzukommen.

Ich betrete die Bühne, und Beppe macht das genauso, das ist eine Gabe, von der ich nicht weiß, wie und über wen wir sie erworben haben. Ich weiß es nicht, ich werde das nie verstehen. Ich komme auf die Bühne und empfinde das Publikum als eine Einheit: Da gibt es einen Verrückten, einen, der komisch spricht, einen, der schreit, einen anderen, der sich hinsetzt und Krach macht, wieder einen anderen, der an der falschen Stelle lacht … Nach und nach muss ich sie zu dieser Einheit formen, ich muss versuchen, sie mitzunehmen, damit sie in dem Takt atmen, den ich vorgebe. Ich muss den Dreh finden, ihre Wellenlänge, und ich muss sie an meinen Rhythmus heranführen, bis sie mit mir atmen. Und du glaubst, das lässt sich alles über das Netz machen?

Casaleggio Nein, das ist etwas anderes!

Fo Das Publikum kann dir diese Geltung geben, von der du sprichst. Manchmal ist es eine Plackerei, vor dem Publikum zu stehen: man leidet. Manchmal spielst du 20 Minuten ins Leere, du bist wie verloren, weil es dir nicht gelingt zu erspüren, wen du vor dir hast, was die Leute verstehen, weil sie die Gags nicht erfassen, weil einwandfreie Gags, die immer funktioniert haben, plötzlich nicht mehr ankommen. Aber dann tastest du dich nach und nach aus diesem Dunkel vor, und es gelingt dir, den Knoten, den Schlüssel, den Dreh zu finden, und dann kommst du in Fahrt, du legst einen Gang zu, und dann musst du aufpassen. Mit den Jahren lernst du, diesen Sieg nicht zu sehr auszukosten, denn nach einer Weile fällst du wieder steil ab ins Dunkle, und wenn du nicht aufpasst, endest du wie der Puppenspieler, der seine Marionetten an 50 Fingern baumeln lässt, aber die Leute nicht wirklich mitreißt.

Nicht umsonst heißt das Theater auch »Mysterienspiel«, das ist kein Zufall. *Mistero buffo* bedeutet so viel wie komisches, weltliches Mysterienspiel. Da ist nichts Sakrales dran, die Darstellung an sich ist das Mysterium. Die Zauberformel dafür kenne ich auch heute mit meinen 87 Jahren noch nicht. In ein paar Tagen trete ich auf, ich kann vorher sterben und wiederauferstehen, ich mache weiter, atme, meine Stimme kommt wunderbar, ich tauche ins Geschehen ein, habe meinen Spaß, ich lache, und am Ende applaudiert das Publikum – oft begeistert –, und für mich ist es, als hätte ich gar nichts gemacht, ich bin nicht einmal verschwitzt. Es ist wirklich Magie, und das auch in Gedanken, auch in den Dingen. Ich hätte gern deinen Durchblick, Gianroberto, beim Erfassen und Einordnen dieses wunderbaren Phänomens und der unglaublichen Magie des Netzes, die für mich im Grunde unbegreiflich ist, die ich nie bis ins Letzte verstehen werde. Aber was ich dir sagen will: Bedenke auch die andere Seite der Welt, die es schon immer gab und die man nicht einfach übergehen und von heute auf morgen ausschalten kann, wenn man nicht riskieren will, sich selbst auszuschalten.

Casaleggio Aber die Schwarmintelligenz geht doch nicht zu Lasten der individuellen Fähigkeiten.

Fo Wie gesagt: Es gibt da noch diese andere Intelligenz, ohne die du nichts wärst, denn du hast dieses Quid, wie sie es in der Antike nannten, und das ist wichtig. Wenn du dieses Quid nicht hättest, wärst du nicht der, der du bist, so wie er, so wie ich. Dieses gewisse Etwas.

Grillo Dario, du siehst im Netz etwas Vorgegebenes, dem ist aber nicht so. Es beruht vielmehr auf der gemeinsamen Nutzung und Teilhabe Vieler. Es bietet eine Plattform, intelligente Köpfe in einen fruchtbaren Dialog miteinander zu bringen.

Casaleggio Die Welt ist Magie. Man kann Magie nicht nur einigen zuschreiben. Alles ist Magie. Wenn man nichts weiß, ist alles magisch.

Fo Einverstanden, aber es gibt sehr wichtige Werte, die unergründlich bleiben, und andere, die einfacher zu sein scheinen: *scheinen* wohlgemerkt, was nicht unbedingt bedeutet, dass sie es auch sind.

Grillo So wie du, Dario, stelle auch ich mich auf die Bühne und führe etwas auf, weil ich die Leute zum Nach- und Umdenken bewegen will. Und Gianroberto macht dasselbe im Netz. Das sind zwei unterschiedliche Ebenen, aber das Ziel ist dasselbe. Ich stehe auf Straßen und Plätzen, er ist online, das sind Dimensionen, die sich gegenseitig durchdringen. Und keiner von beiden mimt den großen Chef.

DIE DIREKTE DEMOKRATIE

Was kann man im Parlament gegen die Krise tun?

Fo Diese diffuse und verzweigte Intelligenz der Dinge setzt auch eine andere, nicht mehr vertikale Organisationsstruktur voraus. Kehren wir zum eingangs behandelten Thema zurück, zur Bewegung ohne einen *Leader*, eine Führungsfigur, die allen anderen die Wahrheit vorgibt. Da schließt sich der Kreis.

Grillo Die Bewegung darf keinen Führer haben, denn das würde der Auffassung einer selbstgerechten, statischen und konservativen Macht als Selbstzweck Vorschub leisten. Die Ideen der Bewegung entwickeln sich ständig weiter. Wir sind die Wortführer einer Bewegung, die sich gerade erst formiert. Die Führungsfigur ist eine Sache der Parteien, und wir möchten, dass die Parteien definitiv verschwinden, dass es neue Regeln für das Gemeinwesen gibt, dass diese Regeln von allen angewendet werden können und dass am Ende dieses Prozesses die Bewegung gar nicht mehr nötig ist, weil da die Bürger sind, weil es eine Gemeinschaft gibt.

Mir ist schon klar, dass viele jetzt fragen werden: Aber wenn es im Parlament keine Parteien mehr gibt, was dann? Wie kann es ein Parlament ohne Parteien geben? Es wird die Bewegungen geben, die Komitees als Ausdruck von Belangen, die von der Zivilgesellschaft kommen.

Casaleggio Wir haben für die Parlamentarier ganz einfache Verhaltensregeln aufgestellt. Eine davon, die einfachste, lautet, sie sollen sich nicht mehr als »Onorevoli« – als ehrenwerte Abgeordnete – bezeichnen oder ansprechen lassen, sondern als »Bürger«, wie während der Französischen Revolution. Und das ist kein Zufall. Und du, lieber Beppe, übernimmst die Rolle des Robespierre …

Fo Zu den Bezeichnungen im Zusammenhang mit politischem Engagement fällt mir ein: In den mittelalterlichen Kommunen redete man sich mit »compare«, also Gevatter, an, eine treffende Bezeichnung, die später durch »compagno«, Genosse, ersetzt wurde.

Grillo Dario, es gibt jetzt nur zwei Möglichkeiten: Entweder das System der repräsentativen Demokratie ändert sich tatsächlich, oder man riskiert fürchterliche soziale Unruhen. Wir sind ein Puffer gegen die Nazis, gegen extremistische Bewegungen, und ganz gewiss tragen wir dazu bei, dass es keine schweren sozialen Unruhen gibt. Das ist jetzt die letzte Hoffnung. So gesehen ist unser Engagement für den Erhalt des demokratischen Staats noch wichtiger und geradezu unerlässlich.

Fo Was werdet ihr im Parlament gegen die Krise tun?

Grillo Wir werden sofort ein Notprogramm auflegen, ein Sicherheitsnetz, mit einem Grundeinkommen für die Bürger und Mikrokrediten für Kleinunternehmen. Aber das steht alles in unserem Programm. Da kann man sich drauf verlassen, man kann die Dinge in Italien ändern.

Im Dezember hat sich im Aostatal ein Wunder ereignet. Die Region wollte eine Müllpyrolyseanlage mit einer Leistung von 70000 Tonnen bauen, daraufhin wurde ein Volksbegehren einberufen. Im Aostatal ist das möglich, weil die Region einen Sonderstatus besitzt. Damit die Abstimmung gültig ist, müssen sich mindestens 45 Prozent der Bürger beteiligen. Was ist passiert? Viele junge Leute haben sich engagiert und sind von Haus zu Haus gezogen, um den 128000 Einwohnern des Aostatals zu erklären, was eine Müllpyrolyseanlage ist. Ich bin mit der 5-Sterne-Bewegung nach Aosta gefahren, wir haben die Piazza Chanoux ordentlich gefüllt und 30000 Valdostaner haben uns von zu Hause aus in einer Streaming-Direktübertragung verfolgt. Am Tag danach haben 50 Prozent der Wahlberechtigten ihre Stimme abgegeben, und 94 Prozent haben sich gegen die Müllverbrennungsanlage ausgesprochen. Fertig aus: die wird nicht mehr gebaut.

Die Leute haben sich bewusst entschieden und ein falsches Projekt gestoppt. Sie haben es geschafft, indem sie sich für die Mülltrennung in allen Haushalten und ein anderes industriewirtschaftliches Konzept entschieden haben. Denn die Abfälle lassen sich auch weiterverkaufen, und entsprechend sortiert kann man sie für unterschiedliche Anwendungen wiederverwerten.

Casaleggio Weißt du, was diese Müllpyrolyseanlage gekostet hätte? Entwicklung und Betrieb hätten etwa 220 Millionen Euro verschlungen. Die Region wollte sie unbedingt haben, trotz ihrer enormen Schulden, der höchsten Pro-Kopf-Verschuldung Italiens. Das war das erste erfolgreiche Volksbegehren in Italien seit der Nachkriegszeit. Aber keiner hat es bemerkt ...

Grillo Dieser Vorfall zeigt: Wenn die Bürger korrekt informiert sind, reagieren sie und treffen eigenständige Entscheidungen. Deshalb sind Volksbegehren in einer Demokratie so wichtig.

Casaleggio Das ist zwar nicht die kollektive Intelligenz, die ich vorhin meinte, aber die Valdostaner haben Informationen weitergegeben und selbst eine Entscheidung getroffen, sie also nicht den Parteien oder der Regionalverwaltung überlassen … sie haben sie selbst in die Hand genommen.

Aufschwung für kleine und mittlere Unternehmen

Fo Das war wirklich außergewöhnlich. Aber was schlagt ihr jetzt vor, angesichts der Wirtschaftskrise?

Casaleggio Als Sofortmaßnahme wollen wir den kleinen und mittleren Betrieben die Möglichkeit geben, sich zu entfalten, die ineffiziente staatliche Verwaltung auf Vordermann bringen, nach und nach die Steuerbelastung zurückfahren durch Einschnitte bei den überflüssigen Staatsausgaben. Da weiß man gar nicht, wo man zuerst ansetzen soll, bei den Provinzen, den Luxusrenten, den Subventionen an die Presse, der Wahlkampfkostenerstattung, der Einschränkung der Verteidigungsausgaben, den Auslandseinsätzen unseres Militärs, den Hochgeschwindigkeitsstrecken, der Anzahl der Parlamentarier, dem Antikorruptionsgesetz. Ich könnte die Liste noch bis heute Abend fortsetzen.

Fo So steht es im Programm, aber was würdet ihr morgen der Merkel sagen?

Casaleggio Merkel soll ihre Probleme lösen, wir haben unsere eigenen. Die italienische Regierung muss zunächst die nationalen Probleme angehen und dann die internationalen Beziehungen, allerdings nie zu Lasten der eigenen Interessen.

Fo Das Problem in unserem Verhältnis zu Europa und insbesondere zu Deutschland liegt schon seit geraumer Zeit auf dem Tisch, es ist ganz normal, auch die Bewegung mit dieser Frage zu konfrontieren.

Casaleggio Monti und andere, die ihm nachfolgen werden, müssten vor allem der Wirtschaft wieder Auftrieb geben. Wir bekommen aus ganz Italien E-Mails, in denen die fürchterliche Lage der kleinen und mittleren Unternehmen beklagt wird. Viele gehen unter, manche verlagern sich ins Ausland. Ohne die kleinen und mittleren Unternehmen riskiert Italien den Verlust des sozialen Zusammenhalts. Wir landen direkt im Abgrund. Dann ist Feierabend. Die Renten und die Gehälter im öffentlichen Dienst wären gefährdet.

Fo Aber wie kann man die kleinen und mittleren Betriebe am Leben erhalten?

Casaleggio Da gibt es viele Wege. Man könnte innovative Investitionen steuerlich entlasten, überhaupt könnte man die steuerliche Belastung auf das durchschnittliche Niveau der anderen EU-Staaten herunterfahren. Oder man schafft die Gewerbesteuer ab, die man sogar dann bezahlen muss, wenn man Verluste macht. Unsere Firmen laufen nicht auf Gummisohlen, sondern haben Betonklötze am Bein. Wir würden bestimmt auch dafür sorgen, dass das Prädikat *Made in Italy* aufgewertet wird, aber nur für Produkte, die auch in Italien hergestellt werden. Wenn man in China oder in Rumänien produziert, geht das nicht.

Grillo Wenn man sofort eine Staatsbank einrichten würde mit dem Staatspräsidenten als Chef, würde man auch das Geld für die kleinen Firmen sofort auftreiben, und zwar zu einem ganz niedrigen Zinssatz. Frankreich hat das schon gemacht. Man kann Gemeinden mit weniger als 5000 Einwohnern zusammenlegen, Ämterhäufung und Leibrenten für Amtsträger abschaffen, den Politikern ihre Bezüge reduzieren und die Renten auf 4000 Euro deckeln.

In Italien gibt es Renten von über 10000 Euro monatlich, und für diese Superrenten gibt der Staat jährlich sechs Milliarden aus. Mit einem Federstrich könnte man die sofort einsparen. Und eine Schuldenbremse brauchen wir auch. Wenn man die Aufnahme neuer Schulden nicht unterbindet, ist es aus.

Casaleggio Beppe bezieht sich auf den Schuldenstand, den die Parteien Tag für Tag mit nutzlosen Projekten weiter aufblähen. Man kann das anders angehen, das Aosta-Tal hat es ja gezeigt.

Grillo Ja, ein großer Schuldenbetrag wurde nicht aufgenommen, und mit einem Zehntel dieser Summe kann man die Mülltrennung einführen und den Müll kalt aufarbeiten. Die Ersparnis beträgt 90 Prozent, wir haben eine Verschuldung von etwa 200 Millionen Euro vermieden.

Casaleggio Wenn man das bei allen nutzlosen Projekten machen würde, die in der Planung sind, könnten wir sofort zig Milliarden einsparen.

Fo Wie soll man sich zur Hochgeschwindigkeitsstrecke TAV im Val di Susa positionieren?

Casaleggio Die TAV ist auch nach Meinung der Branchenfachleute nutzlos. Sie kostet etwa 20 Milliarden Euro. Wenn man das Projekt abbricht, vermeidet man, die staatlichen Schulden um weitere 20 Milliarden zu erhöhen. Das ganze Vorhaben läuft nämlich über ein *Project Financing*, das heißt: Wenn die beteiligten Firmen ihre vorgegebenen wirtschaftlichen Ziele nicht erreichen, geht der Staat in Haftung: Schätzungen zufolge wird das wirtschaftliche Ziel nicht erreicht werden, also können Milliarden von Kosten auf uns zukommen, die die Staatsverschuldung weiter in die Höhe treiben.

Nach den Wahlen

Fo Lauter Sachen, die im neuen Parlament voranzutreiben sind. Sprechen wir doch kurz über die neue Regierung. Was meint ihr, was nach den Wahlen passieren wird?

Casaleggio Die nächste Regierung dürfte eine zweite Regierung Monti sein, oder jedenfalls eine Regierung, die seine Rezessionspolitik, seine »Agenda«, fortsetzt. Den Beschluss dazu hat man insgeheim schon gefasst. Das ergibt sich ganz offensichtlich aus der Situation, die wir nun mal haben. Im neuen Parlament verfügt voraussichtlich niemand über eine ausreichende Mehrheit, um die Krise in den Griff zu bekommen. Folglich werden sich Bündnisse aus beiden Lagern bilden, »zum Wohl des Landes«.

Fo Also alles wie gehabt.

Casaleggio Dann wird noch die linksökologische SEL dabei sein (die wieder ins Parlament einziehen und Montis Politik mittragen dürfte), und vielleicht kommt noch die alte Liste Arcobaleno zusammen mit Italia dei Valori dazu, mit dem Staatsanwalt Ingroia als Aushängeschild, damit der Wähler sich gut aufgehoben fühlt.

Fo Und ihr? Wie stark werdet ihr im Parlament vertreten sein?

Casaleggio Das hängt sehr davon ab, wie sich die wirtschaftliche Situation entwickelt. Die Krise greift immer mehr um sich, aber keiner spricht es offen aus und man versucht, die äußerst negativen Fakten und Kennzahlen mit positiven Einschätzungen und Prognosen zu übertünchen, als Ausgleich sozusagen.

Grillo Alle Zeitungen haben bereits geschrieben, dass es Mitte 2013 einen kleinen Aufschwung geben soll, dass die Durststrecke bald überwunden ist. Ein paar ermutigende Anzeichen gibt es bereits. Aber die Verleumdungskampagne gegen die Bewegung geht weiter, alle Zeitungen machen mit. Mit dem Ergebnis, dass wir alle gegen uns haben. Wir sind die einzigen, die sich gegen das System auflehnen, das diese Parteien in Schutz nimmt, und die sich bei den grundlegenden Angelegenheiten alle einig sind: bei Großprojekten, Justiz, Privatisierungen, Liberalisierungen, Interessenkonflikten, Kontrolle über das Fernsehen … Wir hingegen wollen die Wasserwirtschaft in öffentlicher Hand, öffentliche Schulen, ein öffentliches Gesundheitssystem. Der Staat soll sich seine Konzessionen zurückholen. Der Staat soll endlich demokratisch werden, mit einem neuen Regelsystem im Dienst des Bürgers und nicht der Konzerne und der Banken.

Fo Gut, aber welche Möglichkeit habt ihr im neuen Parlament, um eine so große Veränderung zu bewirken? Und Vorsicht, bei dieser Wahl kann alles Mögliche passieren! Zunächst einmal wird die Zahl der Abgeordneten drastisch reduziert, und schon jetzt laufen die Arbeitslosen Amok und versuchen, eine Unmenge kleiner Parteien zu bilden.

Du meinst also, dass der Partito Democratico von Piergiorgio Bersani zwar fast sicher gewinnt, das Mitte-Links-Lager aber trotzdem die Unterstützung von Montis Partei benötigt, der dann Ministerpräsident der neuen Regierung wird. Das übliche Ämtergeschacher und Gemauschel würde dabei natürlich nicht ausbleiben … Also alles wie gehabt. Welche Möglichkeit habt ihr dann im neuen Parlament, einen so starken Kurswechsel einzuleiten?

Grillo Wenn sie sich nicht ein paar fiese Tricks einfallen lassen, werden wir wohl recht gut abschneiden, und folglich werden wir im Parlament gut vertreten sein.

Casaleggio Die Änderungen, die die 5-Sterne-Bewegung einbringt, sind Transparenz, Information, echte Bürgernähe. Unsere Erfolge in den Gemeinden und den Regionen geben uns recht. Alle Beschlüsse, alle Entscheidungen oder Beschlussvorlagen in den Gemeinde- und Regionalräten wurden von unseren Sprechern bewertet und den Bürgern vorgelegt, die sich zu Wort melden und ihre Meinung ausdrücken konnten, und die Bewegung hat sich als ihr Wortführer starkgemacht. Genauso wird es auch im Parlament sein: Jeden Tag werden die Bürger über das Netz Schritt für Schritt darüber informiert, was gerade diskutiert wird: Unsere Vertreter werden die Wächter des Parlamentes sein, der Bezugspunkt für die öffentliche

Meinung, ohne sich auf Kompromisse einzulassen. In Treviso haben wir nur einen einzigen Vertreter im Gemeinderat, der die Verbindung zu den Bürgern gehalten und viele Beschlüsse durchgebracht hat.

Grillo Ein einziges Ratsmitglied, 300 Euro pro Monat: ein Informatiker mit Hochschulabschluss, der sich auch schon als Pizzabäcker durchgeschlagen hatte. Er hat für 90 Schulen die Mülltrennung durchgesetzt, womit die Gemeinde 40000 Euro spart, dann hat er alle IT-Systeme der Gemeinde zusammenlegen lassen und es den Bürgern ermöglicht, den Bearbeitungsstand eines Verwaltungsakts zu verfolgen. Er hat eine Skypeleitung eingerichtet, über die man völlig kostenfrei mit dem Gemeindepersonal in Verbindung treten und die notwendigen Informationen einholen kann. Er hat zwei Wasserkraftwerke wieder in Betrieb nehmen lassen mit einer Investition, die in fünf Jahren wieder hereinkommt; danach bekommt die Gemeinde den Strom kostenlos.

Fo Was ist denn das für einer? Superman?

Casaleggio Nein, Superman sind die anderen Mitglieder der Bewegung. Unser Gemeinderat hat natürlich nicht im Alleingang gehandelt. Wenn er so bedeutende Resultate erzielt hat, dann dank der Zuarbeit der anderen Mitglieder der Bewegung. Also von innen heraus, aber in Verbindung mit den anderen Aktivisten.

Grillo Ja, denn wenn eine Idee funktioniert, können alle sie unterstützen, auch die Vertreter anderer Parteien. Letztlich haben wir dann eine bessere Politik. Es ist ja kein Zufall, wenn jetzt die Hälfte aller Parlamentskandidaten dieselben Dinge wiederholen, die wir schon vor Jahren vertreten haben. Sie sprechen von sauberen Listen, sie wollen keine Vorbestraften in den Kandidatenlisten, sie unterstützen zumindest verbal das Antikorruptionsgesetz, die Direktwahl der Kandidaten, die Beschränkung auf zwei Mandate: lauter Vorschläge, die großes Unbehagen und heftige Kritik ausgelöst haben, solange wir sie vorbrachten. Was mussten wir uns nicht alles anhören: Wir seien politikfeindlich und demagogisch. Und jetzt, wo sie nicht mehr weiter wissen, sagen sie, wir hätten kein Programm. Aber sie übernehmen unsere Ideen, und weil sie die Medien beherrschen, stellen sie sie als ihre eigenen dar, auch wenn sie sie nie und nimmer umsetzen werden.

Casaleggio Nach der aktuellen Prognose könnten der Bewegung nach der Wahl 100 Millionen Euro an Wahlkampfkostenerstattung zustehen. Wir werden diese 100 Millionen nicht annehmen. Wir haben das auch öffentlich erklärt, wie schon bei den Wahlen in Sizilien. Die anderen können bei diesem Punkt nicht mithalten. Sie haben Parteisitze, Angestellte, Mitarbeiter, Wasserträger, Büros übers ganze Land verteilt …

Fo Das ist eine Bombe, die ihr im System platzen lasst.

Casaleggio In diesem Sinne habe ich schon früher gesagt, dass das Netz antikapitalistisch ist, denn im Netz zirkulieren und gewinnen die Ideen, nicht das Geld.

Fo Aber auch im Parlament können Ideen und Vorschläge, die Sprengkraft haben, einige Gewichtungen aus dem Lot bringen und zu neuen Bündnissen führen, vor allem wenn diese Ideen im Land breite Zustimmung finden. Wie könnte der PD sie dann nicht annehmen? Da kann es passieren, dass Mitte-Links sich gezwungen sieht, eurem Kurs zu folgen. Das allein wäre schon ein tolles Ergebnis.

Grillo Klar! Die anderen werden unserem Programm hinterherlaufen.

Casaleggio Das ist schon passiert. Denken wir nur an die Volksabstimmung über das Wasser und an die irrlichternde Position der PD, die erst nach einer Weile begriffen hat, dass sie auf unseren Standpunkt einschwenken muss und auf den vieler Komitees, die sich gegen die Privatisierung der Wasserversorgung ausgesprochen haben. Wir haben schon immer die Bewegungen unterstützt: die Bewegung No Dal Molin, No Tav, die für das Wasser oder gegen Atomkraftwerke. Für uns kommt es nicht darauf an, die Hoheit über eine Bewegung oder die Urheberschaft eines Vorschlags zu beanspruchen. Wichtig ist es, das Ziel zu erreichen: dass also die Wasserversorgung letztlich in öffentlicher Hand bleibt, den Bürgern bleibt, und dass Atomkraftwerke oder die Hochgeschwindigkeitsstrecken nicht gebaut werden.

Fo Die Bewegungen sind überaus wichtig, und wenn die Belange der Bewegungen von vielen Bürgern mitgetragen werden, wird es für die Parteien schwierig, dies nicht zu berücksichtigen und sich gegen den Druck aus der Bevölkerung und aus der Gesellschaft zu stellen. Gerade davor haben viele Politiker Angst: dass ihr bei den Leuten beliebt seid, und dass sie gezwungen sind, euch hinterher zu laufen.

Casaleggio In gewisser Weise ist es so, als ob die öffentliche Meinung ins Parlament käme.

Fo Dann ist es mit der Balance vorbei und es fallen die Misstöne auf, wenn sie in Montis Chor mit den Wölfen heulen.

Eine Idee ist gut oder schlecht, aber nicht rechts oder links

Grillo Wenn du der Bewegung deine Stimme gibst, stellst du dich der Bewegung zur Verfügung, auch wenn du kein Mitglied bist. Noch bevor wir ins Parlament einziehen, sagen wir: Wenn ihr uns wählt, machen wir dies und jenes, aber mit euch gemeinsam, ihr müsst euch also mit uns engagieren. Für die Bewegung zu stimmen ist etwas anderes, als sein Kreuz auf dem Stimmzettel einer Partei zu machen, und das war's dann. Es bedeutet auch, dass man etwas riskieren, dass man sich persönlich einbringen muss. Früher habe ich Theater gemacht, gegen Bezahlung. Das tue ich immer noch, aber in Maßen. Jetzt trete ich ohne Entgelt auf Straßen und Plätzen auf und unterstütze die jungen Leute. Wenn jeder von uns, ob Steuerberater, Klempner oder Zahnarzt, einen Teil seiner Arbeit auch anderen widmen würde, könnten wir wirklich die Welt verändern.

Die Freunde, die falschen Freunde, habe ich alle verloren; jetzt knüpfe ich gerade neue Freundschaften. Es reicht nicht, zu schauen, was die Bewegung tut oder nicht. Wenn einer an uns glaubt, muss er aktiv werden, sonst haben wir schon verloren, sonst nützt es ja nichts, uns zu wählen. Im Parlament sind wir vielleicht 100, aber draußen sind wir 10 Millionen. Wenn es einen ständigen Austausch gibt, über das Netz und – damit die Informationen auch alle erreichen – über Infostände auf den Straßen für Leute, die kein Netz haben, dann haben wir schon gewonnen.

Fo Wenn die Sache sich so entwickelt, dann sprengt das doch das gesamte System. Aus einer repräsentativen Demokratie wird dann bei uns eine direkte Demokratie – oder nähert sich ihr zumindest an –, wenn die Bürger sich aktiv beteiligen. Was in den siebziger Jahren theoretisiert und diskutiert wurde, kann jetzt von euch umgesetzt werden – weil ihr schon euer »Publikum« habt, eine Bevölkerung, die zu aktivem Engagement bereit ist.

Grillo Unsere 15 Vertreter im sizilianischen Regionalrat haben mit den Bürgern und den Bewegungen gemeinsam gegen die Errichtung des MUOS, der Satellitenstation der amerikanischen Marine in Niscemi, demonstriert, weil das ihre Welt ist. Das ist das Schöne an diesen jungen Leuten: Die vertreten da nicht irgendjemanden, der nur von außen zuschaut, was sie tun, sondern sie vertreten sich selbst, sie werden mit den Leuten im Land aktiv, und nach der Demo und den Infoständen gehen sie wieder zurück ins Parlament. Da gibt es nicht mehr die, die drinnen und die, die draußen sind. Es ist, als ob eine Wand weggebrochen wäre, eine Mauer, die die Politik zu den Leuten auf Distanz hält und sie als etwas Schmutziges, Nutzloses erscheinen lässt. Ich finde das alles ganz wunderbar.

Fo Vor kurzem war ich auf einem Meeting, da waren Leute vom PD und eine Gruppe von euren Leuten. Einer vom PD hat dann gefragt: »Wenn wir etwas vorschlagen, womit ihr von der Bewegung einverstanden seid, was wollt ihr dann tun? Stimmt ihr dann mit uns ab?« »Natürlich« – antworteten die jungen Leute der Bewegung –, »wenn wir damit einverstanden sind, kommt es nicht darauf an, wo der Vorschlag herkommt, aus welcher Ecke er kommt.« Mir hat das sehr gut gefallen.

Grillo Stimmt, eine Idee kann gut oder schlecht, aber nicht rechts oder links sein.

Fo Es geht flott voran, wie mir scheint. Ein gutes Zeichen, nach und nach werfen wir den alten Ballast ab und fühlen uns erleichtert. Wenn euch das auch im Parlament gelingt, das heißt, wenn ihr euch von Mal zu Mal Bündnispartner suchen könnt, werdet ihr viel erreichen. Denn dann seid ihr nicht nur Opposition, sondern könnt über ein Gesetz mitbestimmen, wie ihr es für richtig haltet; und dann habt ihr was zu sagen! Mit euren Abgeordneten und Senatoren könnt ihr dann auch Bedingungen stellen, um den Gesetzesentwurf zu verbessern, und in der Debatte könnt ihr Fragen und Anträge stellen und zusätzliche Überlegungen in das Gesetzgebungsverfahren einfließen lassen. Das ist doch eine ganze Menge.

Bemerkenswert ist auch, dass dies alles aus dem Stand heraus geschieht: Ihr seid eine völlig neue Kraft, die, wenn das Wahlergebnis den Prognosen entspricht, schon bei der ersten Wahl mit etwa 100 Leuten ins Parlament einziehen kann. So etwas hat es in der Geschichte der italienischen Politik noch nie gegeben. Die 35 oder 40 Prozent der anderen werden angesichts eures Ergebnisses, wie immer es ausfallen mag, fast bedeutungslos scheinen. Hinzu kommt bei euch die gewaltige Zustimmung, die ihr außerhalb der Parlamente bekommt, und das große Engagement und die Motivation eurer Vertreter.

Grillo Ganz gewiss werden wir an unseren Prinzipien und Ideen festhalten, Machtspielchen und Kompromisse sind mit uns nicht zu machen. Wenn wir »Null Beton« vorschlagen, also dass Beton nur zur Sanierung und Umgestaltung der Innenstädte eingesetzt und keine weiteren landwirtschaftlicher Flächen durch Neubauten an der Peripherie versiegelt werden, dann verändert das die wirtschaftliche und gesellschaftliche Perspektive. Man würgt die Baubranche damit nicht ab, sondern wandelt sie um und begünstigt damit Unternehmen, die eine Renaturierung der Landschaft betreiben. Es gibt einen Plan gegen die hydrogeologische Zerstörung, der eigentlich umgesetzt werden soll, aber seit Jahren in einer Schublade vergilbt. Keine Regierung hat bisher etwas in diese Richtung unternommen. Wir werden bei diesen Problemen nicht auf unsere Positionen verzichten; da lassen wir keine Verwässerungen zu, zum Beispiel bei Müllverbrennungsanlagen und der Mülltrennung, von denen wir schon gesprochen haben. Wenn man recyceln will, muss man auf andere Weise produzieren, und dazu muss man den Konsum von Produkten besteuern, die eine hohe Umweltbelastung mit sich bringen. Wenn du eine Plastikflasche willst, kaufst du sie und sie kostet 10 Euro! Und mit diesem Geld kann man dann die Wasserversorgung finanzieren, die Wiederverwertung, wohnortnahe Geschäfte.

Es gibt viele Fragen, die starke wirtschaftliche Auswirkungen haben und ohne Scheuklappen angegangen werden sollten. Ich habe mit Landwirten und Fischern gesprochen, und mir ist klar geworden, dass Italien auch durch ein ganzes Bündel europäischer Gesetze benachteiligt ist, die unsere Besonderheiten nicht berücksichtigen. Zum Beispiel ist der italienische Fischer gezwungen, Garnelen mit denselben Netzen zu fischen, mit denen Norweger oder Schweden Störe fangen, mit enorm weiten Maschen! Wie kann man denn so fischen? Thunfisch ist verboten, weil er vom Aussterben bedroht ist, aber dann kommen die Japaner mit ihren Flugzeugträgern und Sonden und räumen ihn in industriellen Mengen ab.

»Entweder wir sterben vor Hunger oder wir kommen und erschießen euch«, sagen die Fischer. In Mazara del Vallo habe ich einen kennengelernt, der an der Eliteuniversität Scuola Normale Superiore in Pisa promoviert wurde. Er ist 35 Jahre alt, superschlau, und ich habe zu ihm gesagt: »Du musst ins Parlament! Leute wie du müssen Politiker werden, ich kann nicht deine Interessen vertreten, du bist die Bewegung der Fischerei.« Ein toller Kerl. Bei den Landwirten ist es dasselbe: Sie werden bezahlt, damit sie das Obst verfaulen lassen, und damit sie es gar nicht erst anbauen, zahlt man ihnen 1800 Euro pro Hektar. Auf Sizilien ist es mir nicht gelungen, eine sizilianische Orange zu essen, nur Orangen aus Tunesien, die über Spanien hereinkommen. So ist der Markt.

Casaleggio Eine Sache, über die wir seit geraumer Zeit im Blog diskutieren, ist die nachhaltige Nahrungsmittelversorgung in Italien. Während des Zweiten Weltkriegs verließen meine Großeltern Mailand und zogen zu ihren Verwandten aufs Land, weil es dort zu essen gab. Heute wäre das unmöglich. In den letzten Jahren gab es in der Welt verschiedentlich sogenannte Hungerrevolten. China, das sich schon seit Jahren nicht mehr selbst versorgen kann, kauft riesige Anbauflächen in Afrika und in Südamerika zusammen. Wenn es einen Krieg oder eine weltweite Verknappung von Lebensmitteln gäbe, wo könnten wir dann hin? In den Supermarkt, um importierte Waren zu kaufen? Der Boden als solcher hat keinen Wert mehr, nur noch als Baugrund. Und die Gemeinden sind bereit, ohne Planung Baugebiete zu genehmigen, um sich neue Einkünfte zu erschließen. Da kommt eine enorme Immobilienblase auf uns zu, mit einem Preisverfall, der mindestens drei Jahre anhalten wird. Mailand ist dafür ein Beispiel, auch mit dem jüngsten gigantischen Hochhausprojekt von City Life und der Expo 2015. Was hat das alles für einen Sinn? Man hätte dort Parks und Museen bauen können, Erholungsgebiete für die Einwohner.

Grillo Nochmal zu den Bauern. Viele von ihnen haben ihre Produkte auf lokalen und regionalen Märkten verkauft. Das können sie jetzt wegen verschiedener europäischer Gesetze und Abkommen nicht mehr machen, die unlautere Konkurrenz ausschalten sollen und die von irgendeinem Bürokraten und Banker unterschrieben wurden.

Fo Man kann Schlachten auch gewinnen. Mit einer Lithografie von mir, die in einer Auflage von 20000 Stück erschien, konnten wir die Kosten für den Kampf gegen den Bau der Hochhäuser im Viertel Lorenteggio in Mailand decken. Wir haben gewonnen! Die erfolgreichen Schlachten von unten sind häufig gar nicht bekannt. Auch die Geschichte lässt sie links liegen.

Lasst uns noch mal auf eine Sache zurückkommen, die mir vor einem Monat bei einer Veranstaltung an der Uni Pavia passiert ist. Es waren über 1000 Leute da. Wir mussten Bildschirme und Lautsprecher in anderen Hörsälen aufstellen, damit alle Zuschauer der Aufführung folgen konnten. Sie wollten alle vom erfolgreichen Widerstand der Einwohner Parmas während des Belagerung durch Friedrich II. und seine Armee hören. Merkwürdig, dass man davon nichts weiß. Dass ein derart ruhmreicher Vorfall in Vergessenheit geraten ist. Das war im Jahr 1245. Die Leute aus Parma können auf ihre Vorfahren stolz sein. Hungernde Frauen und Kinder nahmen furchtlos den Kampf auf, riskierten ihr Leben und zwangen den Kaiser in die

Knie. Eine echte Heldentat, ein Beispiel von außerordentlichem kollektiven Mut, eine gewaltige Herausforderung, vor der sie unerwartet standen. Sie fingen die Rösser, die Esel, alle Zuchttiere, den Zirkus des Kaisers mit Rennpferden und -kamelen ein. Und damit nicht genug, die Männer schliefen mit den Konkubinen des Kaisers … Aber niemand kannte diese außerordentlichen, einzigartigen Fakten. Als ich erzählte, sahen sich die Zuschauer – darunter eine Menge Studenten und Professoren – verdutzt an: Keiner hatte je von diesen Dingen gehört oder irgendetwas darüber gelesen.

Grillo Solche Vorfälle hat es in der Geschichte viele gegeben, auch in Genua sind die lokalen Heldentaten kaum bekannt. Lieber erinnert man sich an die Geschichte der Mächtigen. Vor allem dann, wenn die Gegenbewegungen Erfolg hatten. Es freut mich, dass Dario daran erinnert, denn es führt eine direkte Linie von jenen Geschichten zu unseren. Die Stärke der Städte lag darin, sich zu verbünden, sich gegen die Macht des Stärkeren zu vernetzen. Genauso sichert das Web heute die Bündelung von Kräften, die andernfalls weit verstreut wären.

Fo Die Geschichte schreitet nicht nur wegen solcher Fälle kollektiver Auflehnung voran, sondern auch weil plötzlich Persönlichkeiten auftreten, mit denen man gar nicht gerechnet hat. Manche Geschichten kommen einem wie Märchen vor.

Eine davon möchte ich kurz erzählen. In Rom erleidet eine alleinstehende blinde Frau, eine, die wirklich blind ist und nicht nur so tut, eine ungerechte Behandlung. Von einem auf den anderen Tag nimmt man ihr den Betreuer, mit dessen Hilfe sie das Haus verlassen konnte: Sie muss zu viele Steuern zahlen, und für »ihren Jungen«, der sie begleitet, einen Einwanderer natürlich, fehlt ihr nun das Geld. Was macht sie dann? Sie geht trotzdem aus, egal was passiert. Sie geht auf die Straße, egal, ob sie um ein Haar von einem Bus überfahren wird, der erst im letzten Moment abbremsen kann. Alle in dem Viertel kennen sie, auch der Busfahrer: »Was machst du denn? Wo ist dein Helfer? Warum bist du alleine aus dem Haus gegangen?« »Ist mir alles egal, sie haben mir alles weggenommen, zu viele Steuern, und ich habe kein Geld, ich habe um eine Hilfe gebeten, aber die haben mir nur ins Gesicht gelacht.« Das ganze Viertel erfährt von dem Vorfall, auch eine Diebesbande aus dem Viertel, die sich sofort ans Werk macht. Sie verschaffen sich Zugang zur Zahlstelle des Finanzamts, das der Frau die Steuererhöhung beschert hat, und versuchen, den Safe aufzubrechen. Aber das gelingt ihnen nicht. Was machen sie dann? Wütend reißen sie die Kasse aus der Wand, heben sie an und werfen sie aus dem Fenster. Sie fliegt aus einer Höhe von vier bis fünf Stockwerken aus dem Fenster, es ist Nacht, und wie durch ein Wunder zersplittert die Kasse. Der Geschichte zufolge schnappen die Diebe sich das Geld und stellen es in einem Umschlag der Frau zu, dazu schreiben sie: »Sehr geehrte Frau, wir möchten uns für den Fehler entschuldigen, hier bekommen Sie, was Ihnen zusteht …«, gezeichnet: »Die Angestellten«. Und das Monat für Monat. Die Frau konnte ihren Helfer wieder zahlen und in Ruhe das Haus verlassen. Ein echtes Märchen. Manchmal gibt es so was.

Grillo Es bleibt uns also nichts anderes übrig, als auf Einbrecher zu hoffen, die uns gerührt zu Hilfe eilen.

Kompromittierte Politik:
der Aufsehen erregende Fall Ilva

Fo Hier schlagen wir ein neues Kapitel auf, das Kapitel der Skandale, die die Politik nicht wahrnehmen wollte. Die werden uns jetzt noch ein schönes Stück Wegs begleiten. Mal sehen, wo uns das hinführt. Was man hier angestellt hat, ist wirklich eine Sauerei, die einem den Magen umdreht. Emilio Riva hat mit dem Ilva-Stahlwerk gute Geschäfte gemacht. 1995 hat er es für 1460 Milliarden Lire, ca. 750 Millionen Euro, von der Staatsholding IRI übernommen, deren Präsident der spätere EU-Kommissionspräsident Romano Prodi war. Der Staat hat es ihm praktisch geschenkt, obwohl er zuvor viel Geld in die Modernisierung der Anlagen gesteckt hatte. Dank der günstigen Konjunktur konnte Riva zwischen 2005 und 2008 2,5 Milliarden Euro Gewinn nach Steuern beiseite legen; 2011 betrug der Gewinn 327 Millionen. Als 2007 die Russen 9 Milliarden Euro für das Werk boten, ließ er sie abblitzen, weil er nicht auf ein Geschäft verzichten wollte, das ihm enorme Gewinne sicherte.

Casaleggio Viele wussten aber Bescheid. In unserem Blog sind in diesen Jahren viele Aussagen zum Ilva-Werk eingelaufen. Als der Fall mit der Sperrung des Stahlwerks in Tarent publik wurde, waren wir nicht überrascht. Arbeiter und Bewohner der Umgebung, auch Frauen und Kinder, sind wegen der Umweltverschmutzung zu Tode gekommen, und der gesamte Fischbestand im Golf von Tarent, einer der reichhaltigsten des Mittelmeers, ist verseucht. Die Situation musste irgendwann kippen, so konnte es nicht weitergehen; es war nur eine Frage der Zeit.

Grillo Dann lagen den Staatsanwälten plötzlich medizinische Gutachten vor, die alarmierende Zustände beschrieben. Merkwürdigerweise.

Fo Warum merkwürdigerweise?

Grillo Weil das Problem vor aller Augen lag, aber es kamen jahrelang keine Belege ans Licht. Die Eigentümer versteiften sich auf die Behauptung, es bestehe kein direkter Zusammenhang zwischen den alarmierenden Daten und der Umweltverschmutzung durch das Stahlwerk. Angesichts der hartnäckigen Weigerung der Riva-Familie, mit den Behörden zu kooperieren, sah sich die Justiz schließlich gezwungen, das Werk zum Schutz der öffentlichen Gesundheit zu schließen.

Fo Dann gab es von allen Seiten einen Riesenaufschrei gegen die Justiz!

Grillo Der ausgekochte alte Riva hatte nun leichtes Spiel zu sagen: »Jetzt haben sie mir die Firma dicht gemacht!«

Fo Klar!

Grillo Denn jetzt braucht es nicht 2, sondern 4 Milliarden, um die Hochöfen modernisieren und wieder in Betrieb nehmen zu können, noch dazu in diesen Krisenzeiten.

Fo Riva müsste diese 4 Milliarden locker machen.

Grillo In einem Markt, der gerade absackt? Er hat sich aus der Affäre gezogen. Man bringt ihn allerdings wegen der Umweltkatastrophe vor Gericht. Er steht derzeit unter Hausarrest, die Ermittlungen laufen.

Fo Auch gegen den Vorstandsvorsitzenden Bruno Ferrante wird ermittelt. Er war ehemals Präfekt von Mailand und im Januar 2006 mein Gegenspieler bei den parteiinternen Vorwahlen des Partito Democratico für den Bürgermeisterposten in Mailand.

Grillo Jedenfalls ist das jetzt keine Lösung, einen Stahlbaron wie Riva in den Knast zu stecken. Man müsste ihm das Geld abknöpfen, das er in schamloser Weise auf dem Rücken der Bevölkerung und der Arbeiter gescheffelt hat.

Ihr müsst bedenken, dass die stillgelegten Hochöfen nicht einfach wieder angeworfen werden können, sie müssen zuerst saniert werden. Man könnte die Küste herrichten und auf den Tourismus setzen: kleine Häfen, Bed & Breakfast, Strandbetriebe …

Fo Ja, aber erst wenn die gesamte Küste wieder sauber ist. Denn jetzt ist sie eine Kloake, mit Fischen, die zu Hunderttausenden kieloben schwimmen … Alle Zeitungen, mit Ausnahme des *Fatto Quotidiano*, haben gegen die Justizbehörden Front gemacht, weil sie den Betrieb blockieren. Denen ist es egal, wenn die Leute krepieren. Die Sicherung der Produktion und damit der Beschäftigung kommt zuerst. Vor allem aber der Gewinn, unter dem Vorwand, damit das Recht auf Arbeit sicherzustellen.

Grillo Auch die Linke trägt diese Logik mit: zuerst die Beschäftigung, die Gesundheit ist zweitrangig. Seit 40 Jahren werden die klaren Belege für die Umweltverschmutzung unter der Decke gehalten. Sie ist der Grund für die vielen Fälle von Krebs, die Herz-Kreislauf-Erkrankungen, und für die vielen Toten. Den wissenschaftlichen Nachweis zu führen ist schwierig, auch weil die Wirkung zeitlich versetzt eintritt. In Casale Monferrato im Piemont sterben bis heute Menschen wegen des Asbests, den man dort vor 30 Jahren hergestellt hat, und wahrscheinlich erreicht die Sterbeziffer erst 2015 ihren Höhepunkt. Jahrelang konnten die Verantwortlichen so tun, als ob nichts wäre. In Tarent hat man jetzt den empirischen Beweis, aber wie! Je weiter man sich von der Fabrik entfernt, desto weniger Fälle treten auf.

Fo In Tarent ist etwas Paradoxes geschehen: Tausende Schafe, die 20 Kilometer von dem Industriekomplex entfernt weideten und alle von den Emissionen des Stahlwerks verseucht waren, mussten geschlachtet werden: Auf einer riesigen Fläche war das Gras völlig kontaminiert. Wenn Schafe gestorben sind, dann muss man sich mal vorstellen, was das für die Menschen bedeutet, die dort leben und arbeiten, was die alles an Giften abbekommen haben …

Wir müssen aber zugeben, dass Emilio Riva auch ein gewisses menschliches Gespür gezeigt hat, denn angesichts der erheblichen Zahl von Todesfällen unter den Bewohnern des Golfs von Tarent in den 17 Jahren seiner Leitung des Werkes hat er sich um den Zustand des städtischen Friedhofs gekümmert, der ziemlich verwahrlost war: Es gab dort nicht einmal einen Brunnen!

Nun, dieser von vielen als grausam und unmenschlich bezeichnete Mann hat sich sogleich bemüht, eine Wasserleitung zum Friedhof zu legen, auf dass Brunnen und Fontänen sprudeln können, er hat Bäumchen pflanzen und sogar ein paar Bänke aufstellen lassen, damit die Leute mit ihren verstorbenen Angehörigen plaudern und ihnen die Blumen gießen können.

KULTUR AUF STRASSEN UND PLÄTZEN

Kunst statt Mafia

Fo Halt. Hier ist eine Abzweigung: Der Weg ist aber nicht markiert, es ist alles aschtrocken, wie verbrannt. Wir könnten uns verlaufen, aber es ist der richtige Weg. Schaut mal, ein Wegweiser: Hier lang geht es nach Epidauros.

Grillo Das ist aber noch 100 Kilometer weit weg!

Fo Ich bin in dem Theater dort schon einmal aufgetreten, es gibt 7000 Plätze oder vielleicht noch mehr. Nicht weit davon gab es noch andere Steinbrüche, wo im 4. Jahrhundert v. Chr. gespielt wurde. Damals ging die gesamte Bevölkerung ins Theater. Allein in Mailand wurden in den letzten Jahren neun Spielstätten geschlossen, abgesehen von denen, die eine ewige Baustelle sind. Lauter Theater mit über 1000, manchmal auch 2000 Plätzen, die wichtigsten in Mailand. Zuletzt hat es das Teatro Smeraldo mit 1981 Plätzen erwischt: Daraus wird jetzt ein Supermarkt mitten im Zentrum.

Grillo In Genua haben sie das Teatro Margherita schon vor Jahren geschlossen, ebenso wie viele andere, auch das wurde zu einem Supermarkt umgebaut.

Fo Aber die Leute, die sich für Theater interessieren, sind nicht weniger geworden. Das Interesse an den Aufführungen hat nicht nachgelassen … Ich halte ab und zu Vorlesungen an der Schauspielschule »Paolo Grassi« in Mailand. Dort gibt es jedes Jahr Aufnahmeprüfungen. Wegen des Numerus clausus kommen nur 40 Prozent der Kandidaten zum Zug, für die anderen reicht einfach der Platz nicht aus, obwohl es ihnen nicht am nötigen Talent oder an der Vorbildung fehlt. Bei denen, die Regisseure oder Bühnenbildner werden wollen, ist es genauso.

In der Akademie für Malerei, Bildhauerei und Bühnengestaltung in Brera gilt das Gleiche. Als ich dort vor 50 Jahren studierte, gab es in dem Gebäude neben der Akademie auch das Kunstgymnasium. Als aber die Zahl der Anmeldungen zu hoch wurde, verlegte man das Gymnasium mit allem Drum und Dran an den Stadtrand. Jetzt will man die Akademie in Gebäude verlegen, die bis vor kurzem noch als Kasernen genutzt wurden. Bisher steht dieser absurde und aberwitzige Plan zwar nur auf dem Papier. Aber Unterricht findet in der Akademie praktisch kaum noch statt und diese Zerstückelung schadet natürlich dem Ansehen und der Qualität der gesamten Kunsthochschule.

Es gibt jede Menge begabter, gut ausgebildeter junger Leute, die gerne in Italien eine Anstellung finden würden. Aber die meisten sind gezwungen, ins Ausland zu gehen, nicht nur ins europäische, sondern auch nach Amerika und nach Australien, wo sie ziemlich schnell eine Firma finden, die sie einstellt. Das mangelnde Angebot bei uns hat seinen Grund auch in der Rückständigkeit unserer Unternehmer. Die haben sich in den letzten 50 Jahren nicht weiterentwickelt, zu einer Erneuerung sind sie nicht fähig.

Grillo Es gibt viele Möglichkeiten, kulturell etwas in Schwung zu bringen. Der Ort Favara bei Agrigento auf Sizilien ist dafür ein Beispiel. Ich habe mir den Ort angesehen. Es gibt dort eine hohe Jugendkriminalität, eine schwierige Situation, und ich habe mir persönlich ein Bild davon machen können, was ein einzelner alles bewirken kann. Man braucht nur Ideen und den nötigen Willen. Ein Notar von dort hat auf eigene Kosten das heruntergekommene Stadtzentrum gekauft und es auf Vordermann gebracht, er hat es komplett saniert. Dann hat er Studenten aus aller Welt dazu eingeladen, in Favara Ferien zu machen. Sie brauchten für die Unterkunft kein Geld zu bezahlen, sondern sollten stattdessen der Stadt Bilder, Skulpturen und Fotos überlassen. So wurde das Zentrum von Favara bemalt, bebildert und mit Kunstwerken ausgeschmückt. Es ist wieder aufgeblüht. Wo vorher nur Ruinen standen, lassen nun Bilder und Plastiken ein kultiviertes Lebensgefühl entstehen. Das macht den Ort nicht nur zu einem touristischen, sondern auch zu einem kulturellen Anziehungspunkt.

Fo Den Ort hat vorher bestimmt niemand gekannt.

Grillo Natürlich nicht. Stellt euch mal vor, in Favara hatte man sogar einen Kindergarten wegen Mafia-Verstrickungen geschlossen. Einen Kindergarten! Jetzt leben dort eine Menge junger Leute aus der ganzen Welt, die sprechen 20 Sprachen, und das an einem völlig abgelegenen Ort, der praktisch am Boden lag.

Casaleggio Daran kann man sehen, wie sehr uns das Schöne abhanden gekommen ist. Ich meine damit nicht nur die Kunst und unser kulturelles Erbe, sondern die Ästhetik im Alltag. Unsere Straßen und Plätze zum Beispiel haben wir in Abstellplätze für unsere Blechkisten verwandelt. Wir sind es derart gewohnt, an Orten zu hausen, wo die Häuser hässlich, die Straßen verwahrlost, die Außenwände mit Plakaten und Graffiti verschandelt und von den Autoabgasen geschwärzt sind. Wunderschöne alte Häuser im Jugendstil, wovon es in Mailands Innenstadt eine Menge gibt, wirken finster, friedhofsmäßig, farblos. Das Schöne, das uns umgab, ist aus unserem Blick verschwunden.

Fo Von den Häusern zu den Museen. Man klagt über die geringe Zahl der Besucher, aber wenn die Ausstellungen immer auf die gleiche Weise beworben werden, ist doch klar, dass die Leute nicht hingehen. Bei den Gauguin- und Van Gogh-Ausstellungen in Genua zum Beispiel war das anders. Normalerweise werben die Organisatoren auf die übliche Art: mit Plakaten und ein paar Artikeln in der Zeitung. In Genua haben sie stattdessen vor der Ausrichtung ein Theaterstück auf die Bühne gebracht, bei dem die Schauspieler das Leben und die Werke der beiden großen Künstler darstellten, ihre Krisenmomente, ihr Ringen um Anerkennung, ihre persönlichen Katastrophen und ihre Liebschaften. Durch diese Theatervorstellungen hat das Publikum von Fakten und Umständen erfahren, die Empathie und Interesse weckten. Das hat die Leute neugierig gemacht, in die Ausstellung zu gehen. Deshalb kamen dann auch drei Mal so viele Besucher wie erwartet. Ich habe auch daraus gelernt und bei der Ausstellung meiner Bilder im Palazzo Reale in Mailand und nachher auf Tournee in Italien das Gleiche getan. Man muss die Art der Mitteilung neu erfinden, die Rhythmen, die Zeiten, die Mentalität. Es reicht nicht, drei Museumswärter und ein paar Guides zu nehmen, das Tor zu öffnen und zu sagen: »Bitte, treten Sie ein!«

Schule nervt!

Fo Ein weiteres Problem sind die Kinder und Jugendlichen, denen die Schule nicht die nötigen Instrumente in die Hand gibt, um ihren Weg zu finden und die Welt zu verstehen. Bei Ausstellungen kommen sie mir ganz zerstreut vor, so als ob sie spazieren gingen. Es ist ihnen völlig egal. Ist auch logisch: Wenn du jemanden nicht zur Musik, zum Gesang und zur Malerei erziehst, kannst du nicht erwarten, dass er sich für Kunst interessiert. Es ist eine Frage des Feingefühls, das die Schule einem beibringen müsste.

Grillo Die Kinder haben Null Bock auf Schule!

Casaleggio Das Internet ist da sehr wichtig. Die Schule sollte es stärker nutzen, anstatt die Kinder zu zwingen, wie Sherpas kiloweise Bücher mit sich herumzuschleppen. Jeder kann doch heute Kunst, die großen Museen und Ausstellungen direkt und ganz bewusst genießen, weil das Internet die Möglichkeit bietet, Kunst virtuell zu erleben. Du gehst online in den Louvre und kannst eine Führung erleben, die deine ganze Neugier für ein bestimmtes Bild, einen Maler oder eine Epoche befriedigt.

Fo Aber der direkte Kontakt ist auch wichtig. Wenn ein Schauspieler dir erzählt, wie die Bilder entstanden sind, welche Schwierigkeiten der Künstler überwinden musste, sein Leben, die Schicksalsschläge, den Tod, dann ist das etwas ganz anderes als eine Führung, die dich mit einer Reihe von Informationen berieselt.

Casaleggio Absolut. Aber einen Dario Fo gibt es halt nur einmal.

Fo Keine Sorge, ich habe einen Vertrag mit einer Firma für Instant-Klonen. 100 Doppelgänger habe ich schon bestellt; der Vertrag ist unterschrieben. In ein paar Tagen stehen die bereit … im Wachsfigurenkabinett!

Grillo Aber zurück zur Kultur und zum Schulunterricht. Vor etwa 30 Jahren bin ich in ein Gymnasium gegangen und habe versucht, den Schülern auf meine Art die Geschichte berühmter Persönlichkeiten nahezubringen. Ich sprach zum Beispiel über Beethoven, spielte ihnen ein Stück von ihm vor, dann erzählte ich, wer das war, natürlich in meinen Worten und mit meiner Mimik. Ich betonte die ausgefallensten Aspekte der Person, ich sagte, dass er oft einen gelben Frack trug, dass er sich mit kaltem Wasser begoss und dabei auch benachbarte Wohnungen unter Wasser setzte. Ich hatte also meinen Spaß, diese Geschichten zu erzählen, und sie hörten mir zu, ohne sich zu langweilen. An einem Tag habe ich in einer Schule über 100 Sketche gespielt. Es hat echt Spaß gemacht. Als ich erzählte, dass Beethoven taub war, dass er vor sich hin pfiff und alle hinter ihm her liefen, um die Motive seiner Musik abzukupfern, folgten mir die Schüler aufmerksam und wollten mehr hören.

Und Benvenuto Cellini? Ein Verbrecher; der hat Leute umgebracht. Er wurde eingesperrt, er feuerte eine Kanone gegen Charles III. ab, den Herzog von Bourbon, und brachte ihn um, als dieser in seiner Kutsche gerade den Tiber überqueren wollte. Alle großen Künstler hatten ein zumindest merkwürdiges Leben, das sich zu erzählen lohnt. Warum soll man das verschweigen? Vom Leben geht man dann zu ihren Werken über, zeigt sie, bringt sie zu Gehör und spricht damit alle Sinne der Schüler an.

Gegen die Mächtigen.
Mit Theater kann man Politik machen –
und satt macht es auch.

Fo Beppe hat eine lange Theatererfahrung hinter sich, bei der die Politik und die Politiker ins Lächerliche gezogen werden. Natürlich glauben wir beide an das Theater – vor allem als Form des sozialpolitischen Engagements. Ich will damit erklären, warum wir dieses Gespräch führen und welche Art von Engagement uns verbindet. Vielleicht stammt die 5-Sterne-Bewegung auch ein bisschen von diesem Theater und von unseren Stücken ab. Und die stehen in einer langen Tradition. Ich will mal ein paar Jahrhunderte zurückgehen.

Die Kirche wollte das Theater komplett abschaffen, denn für den Klerus war das Theater ein großes Ärgernis. Es gibt einen ganz unglaublichen Brief, in dem der später heilig gesprochene Kardinal Karl Borromäus erklärt, Literatur, Dichter und Schriftsteller müsse man nicht fürchten. Schauspieler hingegen schon, weil sie gelernt haben, mit den Leuten zu reden und sich mit ihnen auf ihrer Ebene zu unterhalten. Sie sprechen ja sogar ihre Sprache, die verschiedenen Dialekte, und vor allem sind ihre Aufführungen sehr vergnüglich. Aber sie hetzen sie gegen die Eltern und andere Respektspersonen auf, die ihnen beibringen, zwischen Gut und Böse zu unterscheiden. Die Theatergruppen ziehen durchs ganze Land, machen neue Lieder und Tänze bekannt, sprechen Jungen und Mädchen an und befreien sie aus ihrer Erstarrung. Sie führen Stücke auf, in denen sich die Töchter gegen arrangierte Hochzeiten und für die wahre Liebe entscheiden und sich damit gegen ihre Eltern auflehnen. Außerdem, so schreibt der Kardinal weiter, stellen die Komödianten die Geltung der Kirche in Frage, sie bringen den Leuten bei, den Klerus zu verachten. Wenn es in der Commedia dell'arte eine negative Figur gibt, ist es meistens ein Priester oder ein Ordensbruder.

Deshalb weist Karl Borromäus seinen Klerus an, es jungen Leuten und besonders den Mädchen zu verbieten, sich solche Aufführungen anzusehen und sie als Werke der Verdorbenheit und der Sünde zu brandmarken. Er geht noch weiter und verlangt, die Theatergruppen aus den Orten und Städten zu vertreiben. Die plötzlich zur Diaspora gezwungenen Theaterleute erzielten im Ausland großartige Erfolge, auch dank der Kunstfertigkeit, die sie über die Jahre in italienischen Theatern erworben hatten. Sie traten in Frankreich, Deutschland und England auf und inszenieren neue Theatererlebnisse mit ungewöhnlicher Bühnentechnik, mit der sie ein Wohnzimmer im Nu in einen Wald und den Wald in ein Schiff verwandeln konnten, das mitten im Sturm das Meer durchpflügt. Alles dank der Flaschenzüge, die den Bühnenhintergrund mit Landschaften oder Stadtansichten hoch- und runterfahren lassen.

Das Revolutionäre am italienischen Theater bestand in der Wirklichkeitsnähe, die den Bühnenraum eroberte: Die Beziehungen zwischen den Geschlechtern wurden beim Namen genannt und beruhten nicht ausschließlich auf vagen Anspielungen. Im Mittelalter wurden weibliche Rollen von verkleideten Männern gespielt, den »femminielli«, die die Frauen nachahmten und jeden Akt als offenkundige Fiktion darstellten. Damit riskierte man, jedes

Mal einen Lacher auszulösen, was die Szene zunichte machte, und im traditionellen Theater in Frankreich und England passierte das auch häufig. Bei der Commedia dell'arte wurden die weiblichen Rollen dann plötzlich von echten Frauen gespielt. Das war die Sensation! Ihre Körper hatten echte, nicht ausgestopfte Hüften und Brüste. Unsere Schauspieler rüttelten das europäische Theater auf, nicht nur, weil sie echte Frauen auf die Bühne brachten, sondern auch, weil sie Beleuchtung und Kostüme einsetzten, weil sie sangen, tanzten und Kunststücke aufführten.

Grillo Ein internationaler Erfolg. Das wird dann wohl auch Rückwirkungen auf Italien gehabt haben.

Fo Ja, vom Ende des 15. bis ins 18. Jahrhundert hinein setzte sich das italienische Theater überall durch. Es wurde so berühmt, dass selbst die Kirche irgendwann diesen Erfolg zur Kenntnis nehmen und akzeptieren musste. Nachdem Generationen von Schauspielern zur Auswanderung gezwungen waren, konnten ihre Ur-Ur-Urenkel nun zurückkehren und auch in Italien auftreten, natürlich unter bestimmten Voraussetzungen. Wenn unsere Komödianten nicht zur Diaspora gezwungen gewesen wären, mit der sie den Italienern zu hohem Ansehen verholfen haben, hätte sich unser Theater vielleicht nicht retten können.

Auch heute versuchen die politischen Machthaber, so wie früher die Kirche, jede Kreativität auf der Bühne zu ersticken, jeder Innovation den Boden zu entziehen, indem den Theatergruppen Gelder und Spielräume verweigert werden. Da muss man den jungen Leuten beibringen, sich neue Räume zu erschließen, indem sie auf der Straße spielen, so wie sie es in Frankreich, in Deutschland und in Amerika machen. Um zu singen, um Theater zu spielen, muss man zu den Ursprüngen zurückkehren, zu den Bühnen unter freiem Himmel. Die jungen Leute, die dieses Jahr *Mistero Buffo* in Frankreich aufführten, sind auf die Straße gegangen, dann haben sie die Leute aufgefordert, in das Theater zu kommen, wo sie spielten, und haben sogar beim Festival in Avignon einen Riesenerfolg erzielt. Dann sind sie wieder nach Italien, nach Rom zurück, wo eine konsistente Gruppe von Schauspielern das leerstehende Teatro Valle besetzte, auch da bezogen sie das Publikum mit ein und hatten großen Erfolg.

Grillo Du hast recht, wenn du sagst, das hängt alles miteinander zusammen. Die politische Durchschlagskraft des Theaters ist offensichtlich, deshalb wird heute das Theater, das freie Theater, von der Politik bekämpft. Überall dort, wo man gegen den Strom schwimmt, sich gegen die Mehrheit richtet, wird man scheel angesehen und wenn möglich fallengelassen.

Fo Dabei hat bei uns ein ehrenwerter Wirtschaftsminister – nein, nicht Monti. ›Tremonti!‹ ›Monti‹, ›Berge‹ gibt es bei uns zuhauf – erklärt: »Kultur macht nicht satt!« Dabei ist Italien dank der Kreativität und der Fantasie seiner Bewohner jahrhundertelang satt geworden und gediehen. Aber Vorsicht, es geht nicht darum, zu den alten Zeiten zurückzukehren, sondern die Konstanten der Geschichte zu erkennen. Denn jedes Mal wenn man versucht, dagegen anzukämpfen, was uns an der freien Meinungsäußerung hindert, greifen die konservativen Kräfte, allen voran die Kirche, diejenigen an, die aufmüpfig werden, die ihre eigenen Wege gehen, die keine Angst zeigen, die im Alleingang handeln. Immer schon werden Neuerungen von denen, die an der Macht sind, misstrauisch beäugt.

Casaleggio Deshalb macht die Bewegung auch Angst: weil sie sich für den Wandel stark macht.

IM NETZ DER BEWEGUNG

Was wird aus der Sprache?

Casaleggio Ich möchte noch etwas zum Netz sagen. Wissen soll man teilen, und dazu gibt es mobile Geräte wie iPads, Tablets und E-Book-Reader, die man in den Schulen verteilen sollte. In vielen Ländern (auch in Südkorea) hat man die gedruckten Schulbücher bereits überall durch Tablet-Computer ersetzt, und in jeder Klasse gibt es eine WLAN-Verbindung. Der Stoff einer Unterrichtsstunde kann allen Schülern zur Verfügung gestellt und online abgerufen werden. Auf diese Weise erleichtert man das Verständnis und lässt alle am Wissen teilhaben.

Grillo Mit dem Ergebnis allerdings, dass meine Kinder zwar viel lernen, aber nicht schreiben können.

Fo Und wie viele Wörter kennen sie? Denn der Wortschatz der Kinder ist zweifellos verarmt, und er verändert sich insbesondere unter dem Einfluss des Fernsehens und der neuen digitalen Medien.

Grillo Stellen wir ruhig fest, dass sie nicht mehr schreiben können. Die Kinder drücken sich mit Icons aus, sie kommunizieren in Bildern und sparen an den Wörtern. Ihre Aussagen sind extrem verknappt.

Fo Dabei fällt mir ein, was Gianni Rodari einmal zur Verarmung unserer Sprache gesagt hat. Er erinnerte daran, dass die Sprache früher alle neuen Wortschöpfungen aufnahm, ganz abgesehen von denen des Dialekts. Und er hatte recht: In Mailand spricht heute niemand mehr den Mailänder Dialekt, kein Mensch spricht in Turin den Turiner Dialekt. Früher verwendeten die Schriftsteller den Dialekt in ihren Werken. Carlo Emilio Gadda, Luigi Pirandello, Leonardo Sciascia und in jüngerer Zeit Andrea Camilleri: Alle haben aus dem eigenen Dialekt geschöpft, um neue Formen des sprachlichen Ausdrucks entstehen zu lassen. Tatsache ist, dass Hunderte von Wörtern, die vor 50 Jahren noch gang und gäbe waren, heute keiner mehr kennt! Sie sind völlig untergegangen, und wir sind gezwungen, an ihrer Stelle englische und französische Ausdrücke zu benutzen, weil uns die italienischen abhandengekommen sind …

Casaleggio Mit den Wörtern gehen auch die Konzepte verloren, die dahinter stecken. Ich glaube allerdings nicht, dass die Sprache einfacher wird, sie verwandelt sich vielmehr. Der Erwerb von Wissen geht neue Wege, die weitläufiger und stärker verästelt sind. Das Wissen lässt sich nicht mehr in das enge Korsett eines Schulbuchs zwängen, mit dem man zu einer Prüfung antritt.

Marshall McLuhan hat einmal gesagt, langfristig ist der Inhalt eines Mediums weniger wichtig als der Einfluss, den dieses Medium auf unsere Art zu denken und zu handeln hat. In Zukunft wird das Denken nicht mehr linear sein, sondern vernetzt, assoziativ. Wer etwas googelt, ergründet das Thema anhand von Dutzenden Quellen gleichzeitig. Nicholas Carr etwa schreibt in seinem Buch

Wer bin ich, wenn ich online bin* …?: »Wir sind nicht in der Lage, die Überlegenheit des vernetzten Denkens zu erkennen, weil wir es mit unserer alten linearen Denkweise vergleichen.«

Grillo Meine Kinder schalten den Computer ein, sehen sich im Fernsehen einen Film an und schicken vielleicht gleichzeitig noch eine SMS an ihre Freundin. Alle Kinder machen das. Ich gehe in ihr Zimmer und sage: »Was macht ihr denn da für'n Scheiß?« Ich schalte ihnen den Fernseher ab … Da regen sie sich tierisch auf, auch wenn sie gar nicht hinschauen. Für uns ist es nicht nachzuvollziehen, wie man sich auf mehrere Aufgaben aufteilen und mit dem Kopf bei mehreren Anwendungen gleichzeitig sein kann. Denkt doch mal an die Lehrer. Wie sollen die mit ihren Schülern Schritt halten können?

Fo Die Vielfalt der verfügbaren Mittel kann ganz gewiss der Förderung von Bildung dienen. Es gibt Bücher, Videos und so weiter. Es gibt junge Leute, die in meine Aufführungen kommen, weil sie mich auf DVD oder im Netz gesehen, aber nie persönlich erlebt haben. Über diese Instrumente können die Kinder direkt auf Wissensquellen zugreifen, so dass der deutliche Wissensvorsprung, den die Erwachsenen früher gegenüber den Kindern hatten, kaum noch ins Gewicht fällt.

---

* Nicholas Carr: *Wer bin ich, wenn ich online bin … und was macht mein Gehirn solange? Wie das Internet unser Denken verändert.* Blessing Verlag, München 2010.

Sex bei null Kilometerkosten

Grillo Im Netz findet man alles Mögliche. Dario Fo weiß das vielleicht nicht, aber unter den zehn meistbesuchten Websites weltweit gibt es eine, die YouPorn heißt. Die funktioniert so: Du hast Lust auf Sex mit einer Frau. Früher bist du durch die Straßen gezogen, hast dich mit einer Prostituierten über den Preis geeinigt und bist mit ihr in ein Hotel. Jetzt gehst du auf die Website von YouPorn, suchst dir einen Pornofilm, der dir gefällt, zwei Frauen miteinander, zu dritt, mit einem Pferd, was immer du willst. Nachdem du diesen Film gratis gesehen hast, erscheint auf dem Bildschirm automatisch die Sorte Frau, die du angeguckt hast. Sie wohnt in deiner Nähe, in deiner Stadt, und wenn du willst, setzt sie sich sofort mit dir in Verbindung. Sie ist zu Hause und sieht dich über eine Webcam an, und du schaust sie an. Wenn du mit ihr sprechen willst, klickst du sie an, ihr lernt euch kennen, und du einigst dich mit ihr auf eine Leistung. Auf diese Weise tritt man direkt miteinander in Kontakt. Da ist kein Zuhälter oder Ausbeuter mehr im Spiel, und du brauchst nicht mehr durch die Straßen zu ziehen. Das Netz schaltet alle vermittelnden Zwischenstufen aus, es holt auch die Frauen und die Männer von der Straße. Das heißt, du kannst deine eigene Pornografie machen, du selber, du stellst dich ins Netz und lässt dich bezahlen. Wenn du für die Leistung nicht zahlen willst, lässt du dich mit unkenntlich gemachtem Gesicht, so dass man dich nicht erkennen kann, bei einer Sexszene filmen. Die filmen dich und stellen den Film ins Netz, und du zahlst nichts, das ist alles kostenlos. Also Sex bei null Kilometerkosten. Es kann auch passieren, dass es zufällig deine Kollegin ist, die dich kontaktiert und aus der anderen Ecke deines Büros online gegangen ist … alles schon vorgekommen.

Fo Es wird aber alles vermarktet, auch Intimität wird käuflich und zur Pornografie gemacht. Besteht bei dem, was du da erzählst, nicht die Gefahr einer weiteren Kapitulation vor den Gesetzen der totalen Vermarktung? Ansonsten stimmt es schon, dass es Geschichten gibt, die sich nicht in eine Schublade stecken lassen, und dass Sex zum Lebensunterhalt beitragen kann.

Da fällt mir eine Geschichte ein, die vor kurzem tatsächlich passiert ist (ich habe sie dann in eine Komödie umgesetzt). Eine Arbeiterin wird entlassen und weiß dann einfach nicht mehr weiter. Zufällig trifft sie einen, der sie für eine Prostituierte hält und ihr anbietet, mit ihm ins Bett zu gehen. Sie geht darauf ein, sie setzen sich in einen Park, fassen sich an, werden erregt, dann sagt er: »Komm mit zu mir nach Hause.« Sie geht mit und tut, was er von ihr verlangt. Vorher gibt's Geld, gutes Geld. Da denkt sie sich, sie könnte das noch mal machen, und stellt sich auf die Straße, in einer Gegend, in der schon andere Prostituierte stehen, die natürlich protestieren und sie unter Schlägen davonjagen, bis sie eine neutrale Stelle findet, wieder im Park. Sie geht also auf den Strich und verdient an einem Tag so viel, wie sie vorher im ganzen Monat nach Hause gebracht hat.

Es gibt aber ein Problem: Wie soll sie es ihrem Mann sagen? Auch er ist entlassen worden, und es bleibt ihm nichts anderes übrig, als den ganzen Tag in einer Bar vor einem Glas Cola zu verbringen. Sie nimmt ihren Mut zusammen und zieht ihn ins Vertrauen. Er regt sich fürchterlich auf. Als er sich wieder beruhigt hat, setzt sie ihm in aller Ruhe ihre Situation auseinander: »Was hast du gestern und vorgestern gegessen? Hat dir die neue Kücheneinrichtung gefallen? Und das Hemd, das du trägst, gefällt es dir? Und der neue Mantel? Die Gasrechnung? Und die Stromrechnung? Und die Raten für den Fernseher, wer hat die bezahlt? Ist alles das Ergebnis dieser unanständigen Entscheidung. Ich habe das alles geschafft, weil ich zur Hure geworden bin! Aber wenn ich durch die Straßen laufe, wendet sich keiner ab. Im Gegenteil, mit dem falschen Pelzmantel, den ich trage, und dem hübschen Haarschnitt grüßt man mich, macht mir Komplimente, lädt mich zum Kaffee ein. Man achtet mich! Wunderbar! Solange ich arbeitslos war, haben sie mich wie einen Hund behandelt, heute behandeln sie mich wie eine Dame. Mich bumsen zu lassen hat mir den sozialen Aufstieg gebracht! Jetzt entscheide du: Wollen wir wieder zwei Hungerleider sein, aber mit Würde und Moral, wenn auch mit Flicken am Arsch?«

Der Mann holt tief Luft und sagt dann: »Na gut, dann muss ich dir auch etwas beichten: Du hast doch gemerkt, dass ich manchmal, wenn du spät nach Hause kommst, nicht im Bett liege?« »Natürlich habe ich das gemerkt! Wo treibst du dich denn rum?« »Ich mache schlimme Sachen …« »Sag bloß, dass du auch auf den Strich gehst?« »Nein, ich bin auf höherem Niveau geblieben, ich stehle! Zusammen mit vier anderen entlassenen Kollegen habe ich bereits drei Banken erleichtert. Die vierte ist heute Abend dran, du kannst mir Hals- und Beinbruch wünschen!«

Auch die Pornografie verändert sich, es fehlt nicht an Lösungen, und das Netz bietet alles Mögliche an. Es ist interessant zu sehen, welche Haltung wir zu diesen Themen einnehmen, die von den Medien oft verzerrt dargestellt werden. Da kommen Gemeinplätze, Vorurteile und Demagogie ans Licht … Wie steht die Bewegung zu diesen Problemen?

Casaleggio Oft verstellen Gemeinplätze, die mit dem Rassismus und unseren Vorurteilen zusammenhängen, den Blick auf Ausbeutungsverhältnisse. Ein Beispiel aus unserem Blog ist der Fall des jungen Mädchens, das man in Rom bei lebendigem Leib angezündet hat. Eine fürchterliche Geschichte. Die Zeitungen schrieben: »Prostituierte in Rom lebendig verbrannt.« Tatsächlich handelte es sich um eine 21-jährige Ausländerin, die man zur Prostitution gezwungen hatte. Sie heißt Mihaela. Man hat sie aus Rumänien nach Italien gelockt, auf die Straße gesetzt und sie gezwungen, sich zu prostituieren. Sie hat an 80 Prozent ihres Körpers Verbrennungen erlitten. Wir haben sie in Rom im Krankenhaus besucht und mit dem Chefarzt gesprochen. Sie war dort mutterseelenallein. Auf den Fotos sieht sie sehr gut aus. Nach einem Monat kann sie sich immer noch nicht aufsetzen. Nun, Mihaela wird nicht als Frau bezeichnet, sondern als Hure, damit beruhigt man sein Gewissen. Wir sind zweimal ins Krankenhaus gegangen, wir werden auch noch ein drittes, viertes und fünftes Mal hingehen. Wir haben ihr Foto in den Blog eingestellt, sie könnte eine Studentin von der Uni Mailand sein.

Fo Seit Monaten werden immer wieder Frauen in Italien Opfer von Gewalt. Eine ungeheure Tragödie. Franca stand schon immer mit Gruppen in Verbindung, die sich mit diesem Problem befassen. Es gibt eine unglaublich hohe Zahl vergewaltigter Mädchen, dabei ist die Dunkel-ziffer sehr hoch, weil nur wenige ihren Peiniger anzei-gen, aus Angst vor Vergeltung. In einem Dorf oder auch in einem Stadtbezirk ist die Gefahr, von der Gemeinschaft ausgestoßen zu werden, sehr groß. Die Angst, allein gelas-sen zu werden, ist stärker als alles andere.

Es gibt viele Geschichten, viele, die zu erzählen wären. Wir haben eine herausgegriffen, die Geschichte eines Mädchens, das von einer ganzen Gruppe überfallen wurde und erst von einem Lkw der Stadtverwaltung gerettet wurde, der zufällig dort vorbeifuhr, um ein Unkrautver-nichtungsmittel zu versprühen. Erst dann sind die Verge-waltiger abgehauen. Da hat das Mädchen sich zu Recht gedacht, die einzige Lösung ist, zu lernen, sich selbst ge-gen Angreifer zu verteidigen. Da eine Freundin gerade einen Judo-Kurs besucht hat, beschließt sie, ebenfalls Judo zu lernen, sie trainiert und wird zu einer Meisterin im Kampfsport.

Eines Tages fordert die Erfahrene die Einsteigerin auf, in einem Park zu trainieren, mit echten Angreifern! Um sich Mut zu machen, färbt sich die Einsteigerin die Haare rot. Dann ist sie zum Kampf bereit. Bald kommt eine Gruppe Halbstarker, die nicht lange fackeln und sich auf die bei-den Mädchen stürzen. Da sind sie aber an die Falschen ge-raten. Die beiden Karatekämpferinnen nutzen alle ihre Kniffe und Tricks, als wären sie in der Sporthalle: Fuß-tritte ins Gesicht, Knietritte in den Unterleib, ein Bein stellen, ein Hagel von Schlägen in die Fresse. Zwei An-greifer suchen das Weite, nachdem sie wie Kegel zu Boden gegangen sind. Ein anderer, der besonders übel zugerich-tet ist, schafft es gar nicht mehr hochzukommen ... die beiden Mädchen haben ihn fertig gemacht! Schließlich müssen sie ihn ins Krankenhaus bringen, und eine der beiden, die mit den rot gefärbten Haaren, erzählt dem Krankenhauspersonal, der arme Kerl sei ihr Freund, er habe sich geopfert, um sie vor einer Gruppenvergewaltigung zu retten. Sie tut das, um den Überfall nicht zur Anzeige zu bringen – denn es wäre ihnen bestimmt schwer gefallen, den Nachweis zu führen. Und dann sagt sie: »So ist es uns beiden gelungen, uns zu retten, und er hat sich durchwalken lassen wie ein Fußabstreifer.« Der untersuchende Arzt stellt eine starke Prellung der Hoden und eine innere Blutung der Bauchspeicheldrüse fest. Der Kerl wird sofort operiert. Als er aus dem OP kommt, fordert der Arzt das Mädchen auf, sich um den Verletzten zu kümmern. »Er ist ja dein Freund, da wird es dir nichts ausmachen, ihn nackt zu sehen. Hilf mir, seine Hoden zu verarzten.« Da kann sie sich nicht verweigern …

Grillo Diese Geschichte würde ich gern in einer Zeitung lesen, da würde man sie bestimmt auf eine Zeile zusammenstreichen.

Casaleggio Dario, du hast doch davon gesprochen, dass die Sprache verarmt. Aber es gibt auch eine Sprache, die die Begriffe völlig aushöhlt.

Die Achtung der Gesetze ist nur eine Option

Fo Worte sind verräterisch. Es gibt Wörter, die eine Bedeutung hatten und nach und nach eine andere angenommen haben, weil man ihren eigentlichen Sinn lieber heuchlerisch verschleiert. Alles lässt sich zurechtbiegen, auch das Gesetz, das immer auf die eine oder auf die andere Weise ausgelegt werden kann. Davon können wir in Italien ein Lied singen. Und nach 20 Jahren auf die Spitze getriebenem Berlusconismus schert man sich immer weniger um Recht und Gesetz.

Grillo Man braucht ja nur an Wörter wie »öffentlich« oder »privat« zu denken. Bei »öffentlich« denkst du an etwas, das mit dem Gemeinwesen zu tun hat, aber dem ist nicht mehr so. Wenn von einer Gesellschaft des öffentlichen Rechts die Rede ist, dann geht es um eine börsennotierte Aktiengesellschaft mit Aktionären, womöglich um eine Holding. Auch beim Wort Kommune denkt man nicht mehr an eine Gemeinschaft, sondern an eine Gesellschaft mit einem Geschäftsführer …

Fo Ja, sie ist zu einem Finanzunternehmen geworden …

Casaleggio In *Über Verbrechen und Strafen* von 1763 hat Cesare Beccaria feierlich erklärt, die Sicherheit der Strafe sei für das Gerichtsverfahren von grundlegender Bedeutung. Heute herrscht bei uns die Gewissheit, dass es keine Strafe gibt. Willst du Hausarrest für eine Vergewaltigung etwa eine »Strafe« nennen? Nein, das ist keine Strafe, es ist eine Verarschung!

Fo Ein kurzer historischer Exkurs. Der Langobardenkönig Rothari legte in der nach ihm benannten Gesetzessammlung fest, dass die Strafen nicht nur nach dem zugefügten körperlichen Schaden, sondern auch nach der Demütigung, der Angst und dem wirtschaftlichen Schaden zu bemessen sind, die das Opfer erlitten hat. Wer einem Familienvater die Hand brach, der folglich den Lebensunterhalt für seine Familie nicht mehr bestreiten konnte, musste bis an sein Lebensende die Kinder, die Frau und sogar den Hund des Opfers versorgen. Man sollte das Edictum Rothari in der Schule unterrichten, es stammt immerhin aus dem 7. Jahrhundert n. Chr.

Grillo Man weiß ja, dass das Gesetz nicht für alle gleich ist. Du brauchst nur gute Anwälte zu haben und viel Geld, dann wirst du keine einzige Stunde im Knast verbringen. Berlusconi ist ein Extrembeispiel, aber gleichzeitig ein Lehrstück. Wir haben schon oft gesagt, dass nur Pflicht-verteidiger zugelassen werden sollten, die jeweils vom Ge-richt zugewiesen werden. Damit wären alle Angeklagten in ihrem Recht auf Verteidigung gleichgestellt: Arme wie Reiche …

In Italien bewertet man auch das Umfeld, in dem ein Ver-brechen stattfindet; da richtet man sich nicht nur nach den Paragraphen. Das ist auch richtig so. Wenn mein Junge seinem Bruder ins Gesicht boxt oder meiner Frau 10 Euro klaut, ist das eine Straftat. Aus Sicht des Gesetzes stiehlt er, wird aber nicht als Dieb betrachtet, weil er nur ein ein-ziges Mal geklaut hat, und folglich wird das Strafmaß nach seiner Persönlichkeit bemessen: wie er ist und war. Es wird also geringer ausfallen als bei einem, der systematisch stiehlt oder noch andere Delikte begangen hat.

Fo Entschuldigt, noch mal einen Schritt zurück. Diesbe-züglich hat mich eine Episode sehr erstaunt, die sich zu den Zeiten der Langobarden zugetragen hat. Da kann man auch was draus lernen. Eine Dienerin, eine Sklavin, wird von ihrem Herrn geschlagen, weil sie sich als Hoch-schwangere weigert, mit ihm zu schlafen. Darauf tritt ihr Herr ihr wutentbrannt gegen den Bauch, was eine Fehlge-burt auslöst. Das Kind stirbt infolge des erlittenen Traumas. Es kommt zum Prozess, und für den Herrn gibt es kein Pardon: Er wird zum Tod verurteilt. Jetzt frage ich: Was würde in einem ähnlichen Fall bei uns passieren? Welche Strafe würde über den Mörder verhängt?

Grillo Heute würde man eine Autopsie veranlassen, um festzustellen, ob das Kind lebend oder tot geboren wurde, und der Gerichtsmediziner würde zunächst fragen, ob das Kind bei der Geburt atmete oder nicht. Wenn es lebend geboren wurde und nachher starb, ist es Mord, weil es lebend zu Tode gebracht wurde.

Fo Aber das ist doch widersinnig, das ist doch eine Absurdität, kriminell ist das!

Grillo So ist das Gesetz.

Fo Na, dann ist es aber die Ausgeburt einer ruchlosen Rechtskultur! Wenn wir von Recht und Gesetz sprechen, muss man auch wieder über Tarent und das Ilva-Werk reden, weil das ein eklatantes und tragisches Beispiel von unterlassener Gesetzesanwendung ist. Der Unternehmer Riva, der in Unternehmerkreisen sehr geachtet ist und dem die Politikerkaste zu Füßen liegt, weil er rechte wie linke Politiker bezahlt hat, hat viele hundert Tote auf dem Gewissen, Tausende vielleicht, aber er ist nicht im Gefängnis, sondern im Hausarrest, mit einem Ermittlungsverfahren wegen Bildung einer kriminellen Vereinigung, Umweltkatastrophe und Erpressung im Amt. Ebenfalls im Hausarrest ist auch sein Sohn Nicola. Der andere Sohn, Fabio, wurde in London unter Führungsaufsicht gestellt und ein Auslieferungsverfahren für ihn beantragt. Man hat mir auch zugetragen, ein berühmter Club von Geschäftsleuten habe dem Ingenieur Riva (ich weiß nicht, ob ihm oder einem berühmten Kollegen in der Lombardei) für

seine unternehmerischen Leistungen einen ziemlich an-
gesehenen Preis zugesprochen. Leider konnte er wegen
der juristischen Verwicklungen an der Preisverleihung
nicht teilnehmen. Man hat bei zwei seiner Söhne ange-
fragt, aber die waren durch Ermittlungen auch verhindert,
also haben sie beschlossen, einen Manager des Werks zu
holen. Aber als der der Manager losfahren wollte, hat man
ihn verhaftet, und sein Hund blieb winselnd und alleine
zurück. Na ja, da haben sie die Medaille dem Hund umge-
hängt! … Ist das nicht unglaublich? Die Mächtigen kommen immer ungeschoren davon, sie werden sogar noch
ausgezeichnet.

Grillo Renzo Piano hat mir gesagt, dass in Japan bei
Arbeitsunfällen Tote gar nicht vorkommen. Dabei hat er
in einem großartigen, kühnen Projekt einen Flughafen
auf einer Insel gebaut, mit 10000 Arbeitern und in einer
Bauzeit von zehn Jahren, und es hat keinen einzigen Toten
gegeben. Wie machen die das? Sie investieren sehr viel
Geld in die Arbeitssicherheit. Wenn du auf eine japanische
Baustelle gehst, siehst du sieben, acht Leute, die schon
eine Stunde vor Arbeitsbeginn da sind und alles vorbe-
reiten. Diese Sicherheitsbeauftragten ziehen erst zwei
Stunden nach Arbeitsende wieder ab, weil sie alle Geräte,
Maschinen, Hebezeuge usw. in Ordnung bringen … Bei
uns hingegen, bei dem Projekt für die Brücke über die
Meerenge von Messina, hatte man im Haushaltsplan bereits die Auslagen für sechs bis sieben Tote vorgesehen.
Für die Unternehmer ist es lohnender, den Tod eines
Arbeiters einzukalkulieren, statt in die Sicherheit und in
die Unfallverhütung zu investieren. Das ist unser Kapitalismus.

Fo Das musst du dir anhören, das ist wirklich unglaublich! In den Statuten der mittelalterlichen Kommunen, wenn eine Kathedrale, ein Palast, eine Brücke oder sonst etwas gebaut wurde, betrachtete man nicht den Bauleiter oder den Auftragnehmer als für die Sicherheit der am Bau Beschäftigten verantwortlich, sondern den Auftraggeber, also den Bauherrn. Denn bei Eröffnung der Baustelle war es stets der Bauherr, nicht der Bauausführende, der die Aufgabe hatte zu prüfen, ob alle Gerätschaften den Vorschriften entsprachen, die Leitern und die Gerüste und vor allem die Hebezeuge und Flaschenzüge und so fort … Außerdem musste er prüfen, ob das Wetter für die Arbeiten geeignet war, also ob während der Arbeitszeit Schnee, Eis oder ein Sturm zu erwarten waren. Falls ja, musste er sofort die Arbeit abbrechen lassen. Die ganze Verantwortung lag bei ihm.

Und warum? Um zu verhindern, dass der Bauunternehmer seine Leute erpressen konnte, indem er sagte: »Du bist gestürzt? Du hast dir die Beine gebrochen? Gut, wenn du mir keine Schwierigkeiten machst, stelle ich dich beim nächsten Auftrag erneut ein, auch wenn du lahm bist. Sonst hast du schlechte Karten: Dann gehen wir vor Gericht, und dort gewinne ich sowieso.« Das passierte schon im Mittelalter! Finstere Zeiten, fürwahr!

Grillo Wenn heute in Italien etwas passiert, ist nie klar, wer eigentlich verantwortlich ist, weil die Aufträge als Werkverträge weitergegeben werden und die Arbeitsabläufe dafür sorgen, dass es ordnungsgemäß zugeht. Es reicht, dass die vorgeschriebenen Arbeitsabläufe eingehalten werden. Wenn dann etwas passiert, wird es dem Verhalten des Betroffenen zugeschrieben, der vielleicht eine

Schraube nicht richtig angezogen oder eine Stelle schlecht geschweißt hat. Es ist immer seine Schuld. Er hat sich nicht an die Arbeitsanweisungen gehalten. Letztlich sind es immer die armen Schlucker, die draufzahlen.

Erinnert ihr euch an die Katastrophe von Viareggio? Da fährt ein Güterzug mit brennbarem Material mitten in der Nacht durch Viareggio und explodiert und reißt 30 Menschen in den Tod, die friedlich in ihren Betten in Bahnhofsnähe schlafen. Nach vier Jahren hat man immer noch nicht festgestellt, wer dafür verantwortlich war. Man weiß nur, dass die Gleise einer Gesellschaft gehörten, der Waggon einer anderen Gesellschaft, die Ladung noch einer anderen Gesellschaft, der Auftraggeber war wieder eine andere Firma, der Empfänger wieder eine andere. Sechs unterschiedliche Gesellschaften.

Der Waggon explodierte, weil ein verrosteter Bolzen eine Reibung verursachte und damit einen Funken auslöste. Ein offenkundiger Fall mangelnder Wartung. Aber es reicht nicht aus, dies zu wissen. Es könnte weitere Ursachen geben, die man noch feststellen müsste. Kurz nach dem Unfall war ein weiterer Zug mit ähnlicher Ladung und Ziel Civitavecchia unterwegs. Der ist ebenfalls in Flammen aufgegangen, aber die Feuerwehrleute haben rechtzeitig eingegriffen. Es gibt keine Prävention. Dieselbe Ladung, derselbe Zug, mit denselben »Akteuren« wie zuvor. Da fragt man sich: Kann es sein, dass unsere Sicherheit in den Händen derart verantwortungsloser Leute liegt? Denkt doch an die Atomkraftwerke, die unsere Politiker auf Teufel komm raus errichten wollten, bevor die Volksabstimmung es verhindert hat: Schon ein kleiner Fehler kann katastrophale Folgen haben.

In Finnland hat man beim Bau eines Atomkraftwerks der vierten Generation bemerkt, dass die deutschen Unterauftragnehmer von Siemens Schweißarbeiten an Polen und Rumänen weitervergeben hatten. Die Ingenieure stellten fest, dass die Schweißnähte mit einer nicht sicheren Technik ausgeführt worden waren. Da stoppten sie die Arbeit und ließen alles nochmal machen.

Fo Ich war damals gerade mit der Inszenierung einer Oper am Nationaltheater in Helsinki beschäftigt und habe die Dinge direkt mitbekommen: Es war ein Skandal, man hat alle Arbeiten eingestellt und eine andere Firma beauftragt.

Der Virus des Geldes und die Gier der Akkumulation

Fo In den letzten Jahren kann man in Italien beobachten, dass Recht und Gesetz immer weniger gelten. Ohne wieder auf Berlusconi zurückzukommen: Worauf ist das zurückzuführen? Welche Art von Gesellschaft und welche Art Recht stellt sich die Bewegung vor?

Casaleggio Ich habe den Eindruck, alle Probleme, über die wir hier sprechen – also Gesetze, die nicht angewendet werden, Arbeiter, die zu Tode kommen, Arbeit als Erpressung, die Versklavung der Leute –, letztlich alle auf das Geld zurückzuführen sind, das alle Aspekte unseres Lebens beherrscht. Das Geld sollte in unserer Gesellschaft eigentlich nur eine marginale Rolle spielen, weil es im Grund nur eine Form des Tauschhandels darstellt. Niemand sollte über mehr als ein bestimmtes Maß an materiellen Gütern verfügen, maximal über 3–4 Millionen Euro. Das ist keine franziskanische Selbstgenügsamkeit, sondern eine politische Frage. Die Anhäufung von Geld lässt sich nicht mit der Demokratie in Einklang bringen. Wer sehr viel Geld anhäuft, kann die Gesellschaft beeinflussen, sich die Politik zurechtbiegen und damit auch die Res publica seinen Interessen gefügig machen.

Die entsprechenden Beispiele haben wir vor Augen, und dennoch fällt es uns schwer zu begreifen. Solange das Geld in den Händen weniger Leute konzentriert bleibt und die Banken ihre derzeitige Machtfülle behalten, bleibt die Demokratie eine rein rhetorische Übung, die Karikatur ihrer selbst.

Grillo In der Schweiz macht man es so: Wenn du einen Diebstahl begehst, zwingen sie dich, einen Umerziehungskurs zu besuchen, der darauf abzielt, dass du das nicht nochmal machst und dir der Verwerflichkeit deines Handelns bewusst wirst. Wenn du stiehlst, weißt du, du stellst dich außerhalb der Gesellschaft. Illegales Handeln ist aus keinem Grund zulässig. Wenn du mit dem Auto schneller fährst als erlaubt, kannst du Gift darauf nehmen, dass sie dich anhalten und zu dir sagen: »Schau mal, wir möchten, dass du einen Kurs besuchst, in dem wir dir erklären und dich überzeugen werden, dass langsam fahren eine feine Sache ist.« Genauso geschieht es bei Finanzdelikten, die genauso streng geahndet werden. Wenn eine Straftat festgestellt wird, zwingt man den Täter, einen demonstrativen Ertüchtigungskurs zu machen, der ihm klar macht, dass es falsch ist, sich auf illegale Weise Geld zu beschaffen. Ist das nicht unglaublich?

Casaleggio Unsere Lebenszeit ist begrenzt. Wenn wir diese Zeit der Akkumultion von Geld widmen und das Leben gegen Reichtümer eintauschen, sind wir Idioten. Unser einziger Wert ist die Zeit.

Grillo Es gibt ein Buch von Karl Polanyi, *The Great Transformation**, das erklärt, wie der Kapitalismus aus einem eklatanten Missverständnis heraus entstanden ist. Thomas Malthus behauptete, man braucht kein Recht, weil sich nach dem Naturgesetz ohnehin der Stärkere gegen den Schwächeren durchsetzt. Polanyi macht sich den Spaß, diese These, auf der die wirtschaftspolitische Ideologie der freien Kräfte des Marktes basiert, auseinander zu nehmen, indem er eine vielsagende Episode erzählt. Die Engländer hatten Ziegen als Nahrungsquelle auf eine Karibikinsel gebracht. Um den Engländern eins auszuwischen, setzten die Spanier Hunde auf dieser Insel aus, damit sie den Ziegen den Garaus machten und um den Engländern die Nahrungsgrundlage zu entziehen.

Malthus zufolge müssen die Schwachen, wenn die Bevölkerung zunimmt, aus natürlichen Gründen verschwinden. Daraus entstand Darwins Theorie von der natürlichen Auslese. Doch die von Polanyi zitierte Ziegengeschichte ist kein Beleg für diese Behauptung. Nicht die Ziegen gingen drauf, sondern die Hunde! Denn die Ziegen kletterten bis zu den Bergspitzen hoch, wo die Hunde nicht hinkamen. So zerfleischten die Hunde sich gegenseitig, und die Ziegen konnten überleben. Der Anarchist Pjotr Kro-

---

* Karl Polanyi, *The Great Transformation: Politische und ökonomische Ursprünge von Gesellschaften und Wirtschaftssystemen.* Suhrkamp Verlag, Frankfurt a.M., 1987 (A. d. Ü.).

potkin wiederholte Darwins Erfahrung, allerdings nicht auf den Galápagos-Inseln, wie Darwin, sondern in Sibirien. Dort entwarf er eine Theorie, die in genauem Gegensatz zu Darwin stand: die Theorie der Solidarität – die Pflanzen helfen sich gegenseitig – und das Konzept der Biodynamik: Pflanzen, die zusammenarbeiten, Tiere, die sich untereinander helfen, eine Spezies, die der Erhaltung einer anderen dient.

Fo Das entspricht dem, was mein Großvater erzählte; er war Bauer in der lombardischen Lomellina.

Casaleggio Ich will euch nicht widersprechen, aber hätten die Spanier statt der Hunde Adler ausgesetzt, hätten sie gewonnen.

Das Netz verändert unser Verhältnis zum Geld und auch den Arbeitsmarkt

Fo Hier ist wieder eine wunderbare Weggabelung. Wenn wir jetzt einen anderen Weg einschlagen als alle anderen, könnten wir uns zwar verirren, aber ich denke, es lohnt sich, die bekannten Gefilde zu verlassen und zu schauen, ob es eine Welt ohne Geld geben kann. Man braucht für diesen Weg nur geistige Beweglichkeit, und die kostet nichts. Ich könnte mir vorstellen, dass uns das Netz zu mehr geistiger Beweglichkeit verhelfen kann. Aber erst einmal möchte ich wissen, was meine Weggefährten dazu meinen.

Casaleggio Im Netz sind die wahren Werte die Ideen. Für Intelligenz, Kreativität oder Kompetenz braucht man kein Geld. Und weil man kein Geld braucht, kann jeder seine Intelligenz und sein Wissen unmittelbar einbringen. Und dafür wird er bezahlt, für das, was er kann, und für das, was er ist, ohne irgendwelche Vermittler oder Kreditgeber.

Fo Und was ist mit dem Verleger, der unser Buch hier druckt?

Casaleggio Er soll einfach anfangen, selbst zu schreiben, er kann Schriftsteller werden und auch im Netz veröffentlichen! Das ist sein Problem. Wenn du keinen Mehrwert für einen Prozess zu bieten hast, bist du für das Netz wertlos.

Grillo Überlegt doch mal, wie sich die Macht in den letzten Jahren verschoben hat. Der Kapitalismus beruhte immer auf der Dreiheit Erdöl, Autos und Banken. Die Banken finanzierten die Autos, und die Autos verbrauchten das Öl.

Fo Das Erdöl subventionierte auch die Autobauer.

Casaleggio Aber in den letzten Jahren hat bei den Unternehmen, die schon immer die Spitzenplätze an der Börse belegten, ein Wandel stattgefunden, und das in kürzester Zeit, ein absolutes Novum. Ford, Chrysler, Shell und die großen internationalen Banken waren an der Börse stets die Unternehmen, die am höchsten notierten. Aber heute sind Technologiefirmen, die ihre Geschäfte im Netz machen, ganz oben. Neue Unternehmen wie Google, Twitter oder Facebook operieren weltumspannend, ihre Kunden leben auf der ganzen Welt. Und sie haben neue Rechercheregeln und neue Kommunikationssprachen durchgesetzt. Im Netz gilt »das Gesetz der Präferenzaggregation«, das heißt, wenn ein Internetknoten früher als ein anderer Wert generiert, verbreitet dieser Wert sich ähnlich wie ein

Virus. Der Knoten gewinnt folglich an Einfluss und Gewicht. Das kann man mit einem neuen Planeten vergleichen, der durch seine Gravitationsmasse Meteoriten und Kometen anzieht und an Größe zunimmt. Wem es also gelingt, eine Idee oder ein Erfolgsmodell früher als andere zu entwickeln, wie Google mit seiner Suchmaschine, gewinnt mit der Zeit eine vorherrschende Stellung, und wie ein mächtiger Baum im Wald lässt er alle Pflanzen in seiner Nähe eingehen. Im Netz gibt es keine Nummer zwei, nur die Nummer eins, weil ihre Idee siegreich war. Die Nummer eins nimmt sich alles, sie erobert die ganze Welt, wie die Unternehmen, die an den internationalen Börsen in nur wenigen Jahren auf die Spitzenplätze vorgerückt sind. Sie sind heute bedeutender als Ford oder Shell, die schon seit Jahrzehnten am Markt sind.

Eine Welt ohne vermittelnde Instanzen, aber mit den Ideen von vielen tausend Leuten

Fo Wir haben uns heute daran gewöhnt, dass alles durch Prozesse, denkende Köpfe oder Vorschriften geregelt sein muss. Auch Facebook hat einen Gründer und ist börsennotiert. Irgendwo gibt es auf jeden Fall einen Chef, der an Facebook verdient.

Casaleggio Die Unternehmen haben einen Eigentümer, aber das Netz kennt keinen Chef. Und das bleibt hoffentlich auch so. Im Internet gibt es keinen Chef, weil das Internet eine Ansammlung von Punkten, von Individuen ist – eine Ansammlung von Knoten, und jeder ist sein eigener

Chef: Milliarden Chefs. Wir alle werden heute zu einem Punkt im Netz, zu einem Bezugspunkt für das kollektive Wissen.

Manche meinen, dass sich das Internet in zwei Richtungen entwickeln könnte: entweder zu einer Diktatur wie bei Orwell, in der alle Informationen überwacht und unbewusst für die einzige Wahrheit gehalten werden, oder zu einer direkten Demokratie, in der Informationsfreiheit herrscht und alle Bürger sich an allen Belangen direkt beteiligen können. Ich nehme an, wir werden beides erleben, aber die direkte Demokratie wird am Ende die Oberhand gewinnen.

Ich möchte noch einmal auf einen Aspekt zurückkommen, den wir schon angesprochen haben: dass das Netz vermittelnde Instanzen überflüssig macht. Da zwischen Produzent und Konsument und zwischen den Menschen allgemein eine direkte Beziehung entsteht, verändern sich die Geschäfts- und Wirtschaftsmodelle und das Verhalten allgemein. Nehmen wir einmal die Banken. Sie vermitteln im Wesentlichen das Geld Dritter. Die Bank nimmt von jemandem Geld, das sie dann an einen anderen verleiht oder investiert. Durch das Netz wird die Bank in vielerlei Hinsicht überflüssig, und jeder kann sich nun direkt an die Community wenden.

Fo Und wie? Was verstehst du unter Community?

Casaleggio Die Community besteht aus allen Personen, die Kreditnehmer oder Kreditgeber werden möchten, wie etwa bei Zopa.com, wo Privatleute sich online gegenseitig Geld leihen können. Der Kreditgeber entscheidet über den Zinssatz, der Kreditnehmer kann zwischen verschiedenen Angeboten wählen.

Fo Genau darauf wollte ich hinaus. Irgendwann landest du an dem Punkt, wo du das Spiel des Kapitalismus komplett mitspielst.

Casaleggio Nein, hier geht es darum, dass die Bank als Vermittler überflüssig wird, der Kapitalismus hat damit nichts zu tun, das ist ein ganz anderes Thema.

Grillo Ich habe 50000 Euro zu verleihen. Du brauchst 50000, weil du ein kleines Unternehmen gründen möchtest. Ich stelle mir 6 Prozent Zinsen vor, du bist aber nur bereit, 3 Prozent zu zahlen. Der Zinssatz wird versteigert. Das ist das Prinzip der Mikrokredite von Muhammad Yunus, nur eben online. In England gibt es Hunderttausende, die genau das tun, und es funktioniert. Alle Vermittlungsstufen zwischen mir und der angebotenen Dienstleistung fallen weg, auch der Einzelhandel, der Handelsvertreter oder der Vertragshändler.

Fo Bedeutet das nicht, dass Arbeitsplätze verschwinden?

Grillo Doch, aber es werden neue Beschäftigungsmöglichkeiten entstehen, etwa bei der Finanzierung von Mikrounternehmen.

Casaleggio Es wird keine vermittelnden Instanzen mehr geben, es sei denn, sie bieten einen Mehrwert. Eine Buchhandlung kann dann nur noch überleben, wenn sie Zusatzleistungen anbietet, weil ich heute Bücher kaufen kann, ohne mich in eine Buchhandlung zu begeben. Dasselbe gilt für die Universitäten der Zukunft: Wenn ich Vorlesungen besuchen will, muss ich dazu keine Universität mehr aufsuchen, ich kann das online tun.

Fo Aber geht dadurch nicht auch etwas verloren? Mag sein, dass meine Vorstellungen überholt sind, aber wenn ich recherchieren möchte, gehe ich fast immer in eine gut sortierte Buchhandlung, von der ich weiß, dass sich der Buchhändler auf diesem Gebiet auskennt.

Casaleggio Dario, nicht mehr lange, und dann gibt es keine Buchhandlungen mehr, wie wir sie kennen. Buchhandlungen werden völlig anders aussehen oder ganz verschwinden. Noch ein Beispiel: die Bibliotheken. Seit ungefähr zehn Jahren arbeitet man an der Digitalisierung aller weltweiten Bibliotheksbestände. Jeder hat damit Zugang zu allen Bibliotheken, selbst wenn sie auf einem anderen Kontinent stehen. Wer in Rom wohnt, kann alte Handschriften studieren, die in einer Bibliothek in Istanbul lagern. Es wird ein ganz neues Bibliothekskonzept entstehen, ein neues Modell mit dem Namen »Bibliothek 2.0«, das auf der ständigen Interaktion zwischen Lesern und Bibliothek beruht. Schon seit 2003 steht die Datenbank »Open WorldCat« im Netz, die nach und nach die Kataloge aller Bibliotheken für Suchmaschinen wie Google und Yahoo verfügbar macht. In Zukunft kann man bei jeder Bibliothek der Welt Mitglied werden.

Fachleute und sonstige interessierte Leser können die digitalisierten Texte außerdem durch Kommentare oder nähere Ausführungen ergänzen, die dann allen zur Verfügung stehen. Die »Bibliothek 2.0« wird einmal unsere Bibliothek von Alexandria sein, eine Weltbibliothek, die durch ihre Nutzer beständig erweitert wird. Auch hier erlaubt das Netz, dass man direkten Zugang zu einer Quelle bekommt und keinen Vermittler einschalten muss.

Fo Zur Zeit gewährleisten aber doch Fachleute die ständige Wissensvermehrung, und ihre Fachkenntnis ist ein wesentlicher, allgemein anerkannter Mehrwert. Es ist ja nicht leicht, sich in einer Bibliothek oder Buchhandlung zurechtzufinden. Es gibt Online-Hilfen, aber die können doch niemals einen Menschen ersetzen, der dich genau zu dem Regal führt, wo das Buch steht.

Casaleggio Das Beziehungsgeflecht zwischen den Menschen wird durch das Internet viel dichter werden.

Fo Ja, aber das meine ich nicht. Es geht ja nicht nur um den richtigen Buchtitel. Nehmen wir einmal Raffael. Als ich mich damals mit seinen Gemälden und seinem Leben beschäftigt habe, stieß ich überall nur auf die üblichen banalen Bücher über ihn. Ich suchte aber nach etwas anderem, nach neuen, bisher unbeachteten Quellen. Ich musste also in mehreren Bibliotheken recherchieren und ging in die »Malatestiana« in Cesena. Und dort habe ich mithilfe weiterer Bibliotheken (hier haben wir wieder die Community) ganz außergewöhnliche Texte gefunden. Am Ende habe ich mich sogar nach Urbino aufgemacht, und dort habe ich Sachen entdeckt, die ich mir nicht hätte träumen lassen: Ich habe zum Beispiel erfahren, mit welchen Tricks Raffael arbeiten musste, um nach Florenz zu kommen und in die Florentiner Gesellschaft eingeführt zu werden: Er musste die Liebe einer Florentinerin gewinnen …

Casaleggio Schon in naher Zukunft werden wir von unserem Wohnzimmersofa aus auf die seltensten Werke der Weltliteratur zugreifen. Und uns zur Seite steht ein Avatar, der bestens mit unserem Kenntnisstand vertraut ist.

Wahre und falsche Geschichten.
Beispiele von Dario Fo

Fo Bei dieser Gelegenheit fällt mir ein, dass ich einmal meinen deutschen Übersetzer, Peter O. Chotjewitz, beauftragen musste, Näheres über ein historisch bedeutsames Ereignis herauszufinden, das ich bereits erwähnt habe. Es fand etwa 1248 statt, als Kaiser Friedrich II. seinen Feldzug gegen die italienischen Städte führte. Ich meine die Belagerung von Parma. Der Kaiser entwickelte damals eine ungewöhnliche Angriffsstrategie: Er ließ um die Stadtmauern der belagerten Stadt eine weitere Stadt errichten und zog so den Belagerungsring um Parma, das sich mit allen Mitteln wehrte, unerbittlich zu. Chotjewitz, mein deutscher Übersetzer, war ein hochgebildeter und vielseitig interessierter Mann. Er bat Freunde und Dozenten seiner Universität, der Frage nachzugehen, und konnte dank ihrer Hilfe mehrere deutsche Texte zu diesem Thema finden und für mich übersetzen. In Italien hatte ich alle Bibliotheken abgegrast, aber nichts als sporadische Hinweise gefunden. In Deutschland gab es dagegen viele Autoren, die sich ausführlich und in allen Einzelheiten damit beschäftigt hatten. Natürlich wäre ich froh, wenn ich wüsste, dass ich dieselben Texte über das Netz sehr viel schneller finden könnte.

Grillo Das Netz kann die Inhalte liefern, aber wie ein Nutzer die Inhalte dann interpretiert, das ist eine ganz andere Sache. Natürlich kannst du das Netz durchforsten, ein bestimmtes Buch finden und zu Hause lesen oder eine deutsche Bibliothek aufsuchen und dir das Werk dort zu Gemüte führen. Wenn dir aber ein echter Fachmann etwas über das Buch erzählt, dann erhält das Ganze einen völlig anderen Sinn.

Casaleggio Genau, aber gerade durch das Netz kannst du auf den Menschen stoßen, der dir wirklich etwas zu dem Buch sagen kann, über Streaming, YouTube, über die sozialen Medien. Früher wärst du mit dieser Person nie in Kontakt gekommen. Gleichzeitig hast du über das Internet Zugang zu jedem beliebigen Buch über Raffael, egal in welcher Bibliothek dieser Welt es steht. Aber ich habe dich immer noch nicht überzeugt, oder?

Fo Vielleicht muss ich ein Beispiel anführen. Vor wenigen Tagen habe ich mit meinen Mitarbeitern im Internet nach bestimmten Informationen über Karl den Großen gesucht und eine böse Überraschung erlebt: Die Informationen waren in großem Umfang manipuliert oder zensiert. Bekanntlich behinderten die Langobarden, die nicht nur die heutige Lombardei, sondern halb Italien beherrschten, die Expansionspläne des damaligen Papstes Leo III. Der Papst lud daher Karl den Großen ein, mit seinem Frankenheer in Italien einzumarschieren und sich das Langobardenreich von Desiderius einzuverleiben – ausgerechnet Desiderius, der dem Frankenkönig, aus Gründen der guten Nachbarschaft, seine Tochter Desiderata zur Frau gegeben hatte.

Im Internet erfährt man auch etwas über den Aufstieg Karls des Großen zum Kaiser. Er konnte bekanntlich erst den Thron besteigen, nachdem er Geschwister und weitere nahe Verwandte aus dem Weg geräumt hatte. Aber die Informationen aus dem Internet sind lückenhaft. Vom ersten Bruder, den er umbrachte, heißt es einfach nur: Er starb. Aber wie? War er krank? Stürzte er vom Pferd? Ist er ertrunken? Man erfährt es nicht.

Über seine Frau, Desiderata, lese ich im Internet, der Kaiser habe sie verstoßen, weil sie ihm keine Kinder gebar. Aber es fehlt jeder Hinweis darauf, dass Karl und der Papst zu diesem Zeitpunkt schon vereinbart hatten, dass der Frankenkönig in Italien einmarschieren und ein Gemetzel unter den Langobarden anrichten würde. Auch im Internet kann man also nicht sicher sein, dass man ein korrektes historisches Bild erhält.

Grillo Daran erkennt man den Nobelpreisträger …

Casaleggio Stell' dir vor, du würdest diese Geschichte in der Schule erzählen. Das würde die Schüler doch ganz bestimmt fesseln.

Fo Ja, so war es! Ich habe die Geschichte an mehreren Schulen erzählt, wo mir die Lehrer freie Hand gaben. Aber wenn ich dem Fernsehen ein Buch wie *La Bibbia dei Villani*, in dem ich biblisches Volksgut wiederbelebt habe, anbieten will, schlägt man mir die Tür vor der Nase zu, kaum dass ich den Mund aufgemacht habe! Dabei sind alle Fakten und Geschichten wahr und historisch belegt.

Casaleggio Hör mal, Dario, warum trägst du das Buch nicht im Internet vor? Dort gibt es keine Zensur.

Grillo Es gibt doch YouTube. Dort kannst du deine Stücke vor der ganzen Welt aufführen, sogar in allen Sprachen, wenn du sie untertitelst. Wo findest du sonst ein so riesiges Publikum?

Fo Klar, da hast du recht.

Grillo Über das Internet kannst du die Schulen direkt erreichen. Das sind ganz neue Möglichkeiten: Dario Fo in jedem Klassenraum.

Fo Ich würde an unseren Schulen wirklich liebend gern über ein historisches Ereignis berichten, das seltsamer-

weise allgemein totgeschwiegen wird. Dabei ist es eine un-
erhörte Geschichte: Papst Gregor X. hat im Jahr 1274 auf
dem Zweiten Konzil von Lyon festgelegt, dass es neben
Hölle und Paradies einen Ort der Läuterung für die armen
Seelen geben soll, insbesondere für die Bankiers, die für
ihre Sünden bisher im Höllenfeuer büßen mussten. An
diesem dritten Ort, dem Fegefeuer, können sie geläutert
werden, dachte er sich, und so doch noch ins Paradies gelangen.

Der Historiker Jacques Le Goff, der sich in seinem berühmten Buch *Die Geburt des Fegefeuers** diesem Thema
widmet, bezeichnet die Erfindung des Fegefeuers als das
politische und finanzielle Meisterwerk in der langen Geschichte der Kirche. Durch den florierenden Ablasshan-
del, der nun einsetzte, konnte die Kirche ihre Schulden
begleichen und stieg zum wohlhabendsten Staat der Welt
auf. Die Wanderung der Seelen vom Fegefeuer ins Paradies dürfte jahrhundertelang für Gedränge im Himmel
gesorgt haben. Außerdem ist die Erfindung Gregors X.
ein unglaublicher Verstoß gegen die christliche Lehre.
Mit dem Fegefeuer hat er sämtliche heiligen Schriften des
Christentums über Bord geworfen. Sogar Dante musste
nun ein Fegefeuer in seine *Divina Commedia* einführen.
Dabei war er ein entschiedener Gegner der Kirche und
wurde deshalb auch aus Florenz verbannt.

Grillo Eine tolle Geschichte, Dario!

Fo Aber ganz unglaublich ist: Wenn du mit Leuten, auch
gebildeten Leuten, über das Fegefeuer sprichst, dann stellst

---

* Jaques Le Goff: *Die Geburt des Fegefeuers. Vom Wandel des Weltbildes im
Mittelalters.* Klett-Cotta, Stuttgart, 1984.

du fest, dass niemand weiß, wie es zu diesem Fegefeuer kam. Ich habe einmal sogar einen Pfarrer gefragt, was er über diese Geschichte weiß. Er hat mich nur erstaunt angeschaut und gesagt: »Bist du sicher? Das hast du doch bestimmt erfunden?« »Aber Herr Pfarrer, ich kann Ihnen Texte zeigen, die das belegen.« Und er: »Wirklich? Das ist ja furchtbar! Wenn das stimmt, müsste ich ja an meinem Glauben zweifeln!«

Übrigens ist auch über den Heiligen Franziskus seit Jahrhunderten eine Geschichte im Umlauf, an der nichts stimmt.

Casaleggio Und wie sah die Wahrheit aus?

Fo Die wahre Geschichte hat Chiara Frugoni, eine außergewöhnliche Wissenschaftlerin, erzählt. Mit *Franziskus – Gaukler Gottes* habe ich die Geschichte dann aufgegriffen und zwei Jahre lang aufgeführt.

Casaleggio Es kann ja auch kein Zufall sein, dass es bisher noch keinen Papst gab, der sich Franziskus nannte. Wir haben die 5-Sterne-Bewegung ganz bewusst am Tag des Heiligen Franziskus gegründet. Politik ohne Geld. Die Achtung von Natur und Umwelt. Wir sind die Narren der Demokratie, vielleicht verstehen uns deshalb so viele nicht und überlegen immer noch, wer denn bloß dahintersteckt.

Fo Aber das ehrt euch. In den Berichten über Franz von Assisi wird nämlich immer verschwiegen, dass er nie Bestandteil des Klerus sein wollte, dass er sich vom ersten Moment an außerhalb des Klerus gestellt hat und sich als »Minoritenbruder«, als Geringsten der Gesellschaft bezeichnete. Und was die wirtschaftliche Seite betrifft, predigte er seinen Glaubensbrüdern, keine Almosen anzunehmen, sondern die Gläubigen zu ermahnen, selbst nach einem Armen zu suchen, der ihr Almosen benötigte. »Essen, Kleider und Geld sollst du nicht mir oder einem anderen Minoritenbruder geben«, sagte er. »Schau', wo du einen Armen findest, der deiner Hilfe bedarf. Das ist nicht schwer. Schau dich um, und du findest Armut in Hülle und Fülle.« Einmal rief er einen seiner Mönche herbei und ließ sich von ihm mitten auf dem Marktplatz geißeln, weil er sich für ein gestohlenes Huhn, das er gegessen hatte, bestrafen wollte. Natürlich erregte er großes Aufsehen: Franziskus war ein echter Gaukler, ein Narr.

Casaleggio Man nannte ihn schließlich nicht ohne Grund »Narr Gottes«.

Fo Auch als er sich nach Rom begab, um die päpstliche Erlaubnis zur Gründung seines Ordens einzuholen, zeigte er sich als der Narr, der er war. Er trug dem Papst sein Anliegen vor und bewegte gleichzeitig seinen Körper wie in einem seltsamen Tanz. Ein Chronist hat die Szene festgehalten. Er schrieb: »Er ließ den ganzen Körper sprechen!« Eine Erklärung ist wohl überflüssig. Nur ein Narr spricht mit dem ganzen Körper. Und als der Papst ihn fragte, warum er und seine Brüder keine Almosen für die Armen annähmen, antwortete er: »Wer Almosen für die Armen entgegennimmt und verteilt, besitzt die höchste nur denkbare Macht.« Der Papst wollte ihn daraufhin provozieren: »Du meinst also, dass der Klerus in schwerer Sünde lebt?«, fragte er. Und Franziskus: »Wer ist die Kirche? Sie besteht aus Glaubensmännern, die dennoch Menschen sind. Es sind nicht die Mauern, die das Geld entgegennehmen, sondern diese Männer.«

Grillo Er hat schon damals alles begriffen.

Glaubwürdigkeit des Internet:
Auch das Gesundheitswesen verändert sich

Casaleggio Wechseln wir das Thema, und sprechen wir über die Glaubwürdigkeit, ohne die das Netz nicht denkbar wäre. Man redet heute ja ganz allgemein vom ökonomischen Wert der Glaubwürdigkeit: Wer glaubwürdig ist, kann andere Menschen mit denselben Interessen an sich binden, eine Community aufbauen und Wert generieren. Wenn jemand glaubwürdig ist, ist sein Angebot ökonomisch wertvoll, weil die Leute es nachfragen – und nicht nur zwei, drei oder fünf, sondern Millionen Individuen. Viele amerikanische Blogs sind ungeheuer beliebt, weil ihre Blogger kompetent und glaubwürdig sind.

Den amerikanischen Blog »Techcrunch« haben Technologiefachleute entwickelt und später für 40 Millionen Dollar an AOL verkauft, den größten Internetprovider der Welt: mit der Garantie, dass die Blogger die Seite weiterführen würden. Das Beispiel zeigt, wie wichtig Glaubwürdigkeit ist. Wenn einer glaubwürdig ist und seine Informationen also vertrauenswürdig sind, gilt seine Meinung als relevant und das kann im Netz enorm wertvoll werden.

Grillo Manche Großunternehmen stellen heute eine Seite ins Netz, legen dort ihre aktuellen Probleme dar und laden Experten ein, ihre Probleme zu lösen. Und natürlich winkt jedem, der Erfolg damit hat, eine kleine Belohnung. Das nennt man Crowdsourcing. Das Unternehmen wendet sich also nicht mehr nur an seine eigenen Ingenieure, sondern an Techniker überall in der Welt. Alle können nun mit einer Idee oder mit Verbesserungsvorschlägen zur Leistungsfähigkeit des Unternehmens beitragen. Wir sprechen hier von Unternehmen wie Boeing, DuPont oder Procter & Gamble. Crowdsourcing findet immer stärkere Verbreitung und wird unsere Arbeitswelt einmal revolutionieren. Dann haben Unternehmen keine Großraumbüros von 1000 m² mehr, in denen Hunderte Angestellte in Boxen wie in einer Schuhschachtel arbeiten, sondern unabhängige Mitarbeiter auf der ganzen Welt. Im Bereich der Medizin geschieht heute etwas ganz Ähnliches, allerdings auf individueller Ebene: Du wirst krank, suchst verschiedene Ärzte auf, findest aber keine passende Therapie. Dann gehst du einfach ins Internet und suchst nach Menschen, die an derselben Krankheit leiden. Sie berichten dir, was sie unternommen haben, und du kannst von ihren Erfahrungen profitieren. Informationsaustausch ist im Gesundheitsbereich ganz besonders hilfreich. Das gilt nicht nur für die Patienten, sondern auch für die Ärzte, die immer häufiger eine zweite Meinung einholen. Weniger Kongresse, aber mehr Beratung und Austausch über das Netz bedeuten mehr Kompetenz und mehr Fachkenntnis.

Fo In welche Richtung könnte sich das Gesundheitswesen entwickeln?

Grillo Die Gesundheit hängt von deinem Wissensstand und deinem sozialen Status ab. Der soziale Status verhält sich umgekehrt proportional zur Gesundheit: Je mehr man den Wohlfahrtsstaat also beschneidet, desto mehr Armut gibt es und desto höher sind die Gesundheitskosten. Wer Zugang zu den richtigen Informationen hat, kann bestimmten Erkrankungen vorbeugen, etwa weil er einsieht, dass er seinen Lebensstil ändern muss. Das kann jeder tun. Jeder kann lernen, was er nicht essen sollte oder welche

Ernährung die beste für ihn ist, einfach weil er sich mit Leuten austauscht, die von derselben Krankheit betroffen sind. Dafür muss man nicht zum Notdienst oder zum Arzt gehen. Wenn man Schmerzen am Ellenbogen oder im Knie hat, geht man erst einmal ins Internet und schaut, an welcher Krankheit man leidet. Im Grunde stellt man selbst die Diagnose.

Im Netz stößt man auf andere Menschen mit denselben Symptomen, man geht in ein Fachforum, wo man sich mit Experten und anderen Kranken austauscht, und in kürzester Zeit weiß man, an welcher Krankheit man leidet und welche Behandlungsmöglichkeiten es gibt. Wir haben auf unserem Blog den Bericht von Nicoletta Mantovani veröffentlicht; sie war mit Luciano Pavarotti verheiratet. Inzwischen ist sie symptomfrei von Multipler Sklerose, weil sie eine andere Behandlungsmethode gewählt hat als die übliche. Wer an dieser Krankheit leidet, kann jetzt die neue Behandlung ausprobieren oder zumindest prüfen, ob diese für ihn infrage kommt. Viele MS-Patienten wussten bisher gar nichts von der neuen Behandlung, jetzt erfahren sie davon und können sich an das Ärzteteam wenden, das die Behandlung erfolgreich durchgeführt hat.

Casaleggio Auch Matteo Dall'Osso hat seine Krankheit selbst diagnostiziert. Bei dem jungen Mann war der ganze Körper durch Schwermetalle vergiftet. Er hatte schon mehrere Ärzte aufgesucht, aber niemand konnte ihm helfen. Voller Verzweiflung hat er dann das Netz nach möglichen Lösungen durchsucht und ist schließlich auf eine Behandlungsmethode gestoßen, die ihn geheilt hat. Er saß früher im Rollstuhl, und nun steht ein Video von ihm im Internet, das ihn beim Fallschirmspringen zeigt.

Fo Hoffentlich hat er sich nicht gleich beide Beine gebrochen!

Grillo Der Komiker lässt sich keinen Witz entgehen! Aber um Darios Frage zu beantworten, in welche Richtung sich das Gesundheitswesen verändern könnte: Das Netz bietet die riesige Chance, das Gesundheitsbewusstsein zu verbessern und Kosten zu sparen, weil die Leute nicht gleich zum Arzt gehen, sondern sich erst einmal informieren und sich so verhalten, dass Krankenhausaufenthalte und Operationen überflüssig werden. Je mehr man über Krankheiten weiß, desto besser kann man vorbeugen, ohne dass es etwas kostet. Man kann seine Lebensgewohnheiten ändern, weil man weiß, in welche Gefahr man sich sonst begibt. Nur noch in schweren Fällen oder wenn es nicht zu vermeiden ist, muss man sich dann an einen Arzt oder ein Krankenhaus wenden. Heute geschieht das genaue Gegenteil: Viele rennen mit einer Grippe in die Notaufnahme, die Krankenhäuser sind völlig überlastet, und das Gesundheitssystem steht vor dem Kollaps. Das Gesundheitswesen in Italien ist unnötig teuer. 50 von 100 verordneten CTs sind völlig sinnlos, ebenso 70 von 100 MRTs, und 60 von 100 Kaiserschnittgeburten könnten natürliche Geburten sein. Das sind keine Einsparungen nach dem Rasenmäherprinzip!

Casaleggio Die Methoden der Chirurgie erleben derzeit einen großen Wandel. Dank Internet können Ärzte jetzt Fern-Operationen durchführen. In der Lombardei gibt es heute neuartige Operationssäle, die auf den ersten Blick beinahe leer erscheinen: Außer einem Patienten auf dem OP-Tisch und Robotern um ihn herum ist niemand zu sehen. Die Ärzte operieren aus der Ferne, vielleicht sogar

von einem anderen Kontinent aus, und steuern die Roboter mithilfe virtueller Hände – so wie der Chirurg in den
USA, der einen Patienten in Mailand operiert hat.

Grillo Ein anderes Beispiel: Ich kann sogar Pate eines
Bienenstocks irgendwo auf der Welt werden. Man bringt
die Bienenstöcke dazu an einen Ort, wo die Bienen die ge-
eignete Natur und Blüten vorfinden, und überwacht sie
mithilfe einer Webcam. Der Honig aus einem einzigen
Bienenstock deckt den Jahresbedarf einer ganzen Familie,
und als Bienen-Pate habe ich das Recht auf den Honig.
Dass wir sehen können, was wir essen, und die Produkte
direkt vom Erzeuger kaufen – auch das ist eine Revolution. Das Gleiche passiert übrigens momentan bei den
Obst- und Gemüsegärten.

EIN PERSPEKTIVWECHSEL ZUR ÜBERWINDUNG DER KRISE

Ich arbeite, also bin ich

Fo Heute dreht sich scheinbar alles nur noch um die Arbeit und die Arbeitsleistung, die man dem Markt zur Verfügung stellen kann. Wir brauchen eine Revolution, die auf den Kern unserer Vorstellung von Arbeit zielt, die fragt, wie wir unser Leben so organisieren können, dass unser Beruf und der Ort, wo wir ihn ausüben, nicht unser ganzes Leben bestimmen.

Casaleggio Meiner Meinung nach lebt man nicht, um zu arbeiten. Wenn die Arbeit ein Zwang ist und nichts mit den eigenen Wünschen zu tun hat, halte ich Arbeit für etwas Negatives. Leben heißt doch nicht, 40 Stunden pro Woche in einem Büro zu sitzen, und das 45 Jahre lang. Das ist doch unmenschlich. Da hatten es ja die Indianer und Buschmänner besser. Sie brauchten nur eine Stunde am Tag, um Nahrung zu beschaffen.

Fo Klar, wenn es einem gelingt, eine Arbeit zu finden, mit der man sich identifiziert, und bei der man vor allem nicht ausgenutzt und zum Roboter degradiert wird – aber sonst kann man auf Arbeit genauso gut verzichten! Nichts ist doch schlimmer, als wenn man nur noch funktioniert, weil man irgendwie überleben muss …

Grillo Das ist doch krank. Die Arbeit ist heute ein Alptraum geworden, ein Fluch; sämtliche Gespräche drehen sich nur noch darum. Ich glaube, wir müssten uns erst einmal darüber klar werden, was wir produzieren wollen. Wenn wir nämlich nur noch halb so viele Produkte mit nur noch halb so viel Energie produzieren, brauchen wir auch nur noch halb so viel zu arbeiten. Das sollten wir als Ausgangspunkt nehmen, wenn wir über ein neues Wirtschaftsmodell und damit über unsere Vorstellung von Arbeit nachdenken.

Casaleggio Wir haben ja vergessen, dass das Leben Freude machen kann, Lebensfreude. Wir überleben ja nur noch. Manche bringen sich um, weil sie keine Arbeit haben. Wir brauchen unbedingt einen Perspektivwechsel. Wenn einer arbeitslos ist, liegt nach der Logik des Systems die Schuld bei ihm. Das System neigt dazu, dem Einzelnen die Verantwortung für Dinge aufzubürden, für die eigentlich die Gesellschaft, die Allgemeinheit verantwortlich ist. Der Einzelne sieht sich plötzlich mit riesigen Problemen konfrontiert, die er allein gar nicht lösen kann. Wer keine Arbeit hat, gilt als Außenseiter, als Versager, und am Ende findet er sich in der Suppenküche der Caritas wieder und muss auf der Parkbank schlafen. In Italien schützt einen nichts und niemand vor Obdachlosigkeit. Deshalb sind wir für eine soziale Grundabsicherung wie in Deutschland, Australien oder den USA. Der Staat hat gegenüber seinen Bürgern eine Fürsorgepflicht, sonst verdient er nicht die Bezeichnung Staat.

Grillo Wir müssen die Autos in die Wüste schicken, und nicht die Menschen.

Fo Genau das ist der Perspektivwechsel. Wenn einer

seine Arbeit verliert, bringt er sich um, weil er das Gefühl hat, dass er seinen Lebensinhalt und seine Würde verloren hat. Bisher war er Familienoberhaupt, er besaß Autorität und eine Rolle in der Gesellschaft. Und ohne diese Identität ist er im Grunde genommen schon tot, bevor er sich umbringt. Denn die Gesellschaft redet ihm ein, es komme nur darauf an, welche gesellschaftliche Rolle er spielt, welche Rolle er in der Familie, am Arbeitsplatz oder bei seinen Freunden einnimmt. Wenn das plötzlich wegfällt, ist er auf einmal ein Nichts.

Casaleggio Aber sag das mal einem Politiker. Der erklärt dich für verrückt, weil er nicht gewohnt ist, über längere Zeiträume vorauszudenken, und weil ihm jeder Zukunftsentwurf fremd ist, der nicht unmittelbar vom Hier und Jetzt ausgeht. Wir müssen aber endlich anfangen, auf lange Sicht zu planen.

Grillo Ich glaube, es lohnt sich, an dieser Stelle noch einmal zum Thema Vermittlung zurückzukehren. Also noch einmal das Gesundheitswesen: Im Großraum Manchester wurde in einer Studie untersucht, ob die Gesundheitskosten sinken, wenn man Kranken (aber natürlich nicht Schwerkranken) das Geld für eine notwendige Behandlung direkt aushändigt. Die Forscher schauten sich an, welche Medikamente und Behandlungen eine Person braucht, und berechneten, wie viel die effektiven Kosten für das Gesundheitswesen in einem Jahr betragen würden. Diesen Betrag händigten sie dem Kranken aus. Wie die Studie zeigt, war nicht nur die Behandlung besser, auch die Kosten waren niedriger. Es wurden weniger Diagnosen gestellt, und in manchen Fällen haben die Patienten lieber ihren Lebensstil geändert, als zu Medikamenten zu greifen. Nach einem Jahr hatten die Kranken 15–20 Prozent weniger für ihre Gesundung ausgegeben. Im Jahr darauf erhalten sie nun einen kleineren Scheck, damit die Einsparungen nachhaltig sind. Das ist nur ein Versuch, aber ein sehr aussagekräftiger Versuch.

Fo Ja, dieses Modell kann man vielleicht nicht ohne Weiteres auf andere Länder übertragen, aber es zeigt, dass wir staatliche Gelder normalerweise als etwas betrachten, auf das wir kein Anrecht haben. In Wirklichkeit bedeutet »öffentliche Gelder« aber doch, dass das Geld der Allgemeinheit gehört, also auch uns. Man hat heute den Eindruck, dass das Prinzip Eigenverantwortung zunehmend ausgehebelt wird. Gleichzeitig ist es erschreckend zu sehen, dass Einsparungen im öffentlichen Gesundheitswesen immer breitere Zustimmung finden. Dass dies zum Nachteil von Bürgern und Kranken geschieht, interessiert nicht.

Grillo 60 Prozent der Italiener zahlen für Gesundheitsleistungen doppelt: einmal mit ihrer Steuer und dann noch privat. Selbst auf dringende Untersuchungen muss man bei uns mitunter monatelang warten. Natürlich geht jeder, der es sich leisten kann, in eine Privatklinik. In Wirklichkeit sieht es doch so aus: Wer Geld und Beziehungen hat, bekommt die bessere Behandlung; alle anderen können warten und krepieren. Und wie wir eben schon festgestellt haben: Jeder Mensch muss Eigenverantwortung für seine Gesundheit übernehmen. Ich kann nicht auf Teufel komm raus rauchen und saufen, den ganzen Tag auf dem Sofa liegen und Fast-Food in mich hineinstopfen, dann bei der kleinsten Treppenstufe Atemnot kriegen und erwarten, dass mir der Arzt das Leben rettet. Das ist nicht die Aufgabe des Arztes und steht auch gar nicht in seiner Macht.

Wir fordern heute von unseren Ärzten, was wir eigentlich von uns selbst fordern müssten. Manche drohen ihrem Arzt ja mit einer Anzeige, wenn er ihnen eine Untersuchung verweigert oder ihr Leben nicht retten kann. Das ist doch grotesk: Ein Rechtsanwalt findet heute kaum noch einen Arzt, der ihn operieren will. Die Ärzte haben Angst, dass er sie aus irgendeinem Grund anzeigt. Man weiß ja nie – bloß keine Scherereien. Die Gesundheit wird immer mehr zu einer Klassenfrage. Die einen haben eine Privatversicherung, die anderen nicht. Die einen besitzen Geld, die anderen nicht. Die einen haben Beziehungen, und die anderen müssen in das erstbeste Krankenhaus gehen und den Arzt nehmen, der gerade Dienst hat. Beide werden nicht nur unterschiedlich versorgt, sie müssen auch unterschiedlich viel bezahlen.

Italien im freien Fall: wieso?

Casaleggio Die notwendigen Voraussetzungen für einen Modernisierungsschub in unserem Land liegen klar auf der Hand: Innovationen, technologischer Fortschritt und der Ausbau des Internet; allerdings können wir die sozialen und politischen Auswirkungen des Internet heute noch nicht abschätzen. Aber zunächst müssen wir, denke ich, einmal versuchen zu verstehen, warum wir technologisch so rückständig sind, unsere Bürokratie nicht funktioniert und kurz vor dem Kollaps steht und warum wir keine Industrien auf Weltniveau mehr haben. Wir müssen uns fragen, warum sich unser Land – seine Unternehmen, sein

Erfindungsreichtum und seine Wettbewerbsfähigkeit –
seit über 20 Jahren im freien Fall befinden.

Was bei uns geschehen ist, das ist so in Deutschland, den
Niederlanden, auch in Belgien nicht passiert, und erst
recht nicht in den USA oder Australien. In keinem anderen Land hat es einen solchen Ausverkauf gegeben wie bei
uns. Warum denn? Ich spreche jetzt hauptsächlich von
den Unternehmen, die Italien einmal besaß. Olivetti hatte
70000 Mitarbeiter überall auf der Welt, heute sind es nur
noch einige Hundert. Das Unternehmen machte früher
IBM und Bull Konkurrenz und hätte Microsoft den Rang
ablaufen können, aber anstatt seinen Fortbestand zu si-
chern, haben wir es komplett zerschlagen. Die italienische
Telecom hat ihren IT-Bereich zum Schleuderpreis verkauft. Als Ministerpräsident Massimo D'Alema 1999 kein
Veto gegen die feindliche Übernahme der italienischen
Telecom einlegte und das Unternehmen auf Pump ver-
kaufte …

Fo So viel Blödheit müsste bestraft werden …

Casaleggio Mit der Übernahme im Jahr 1999 trat bei
der italienischen Telecom der Stillstand ein. Sie erlitt einen Schlag, von dem sie sich nicht mehr erholte. Wenn
man ein Unternehmen verkauft und ihm dafür ungefähr
35 Milliarden Euro Schulden aufbürdet, kann es nicht
mehr investieren. Es beschäftigt sich nur noch mit den
Schulden, und natürlich den Zinsen. Der Börsenwert der
Telecom Italia lag 1999 weit über dem der spanischen
Telefónica; sie hätte die Telefónica kaufen können. Heute
ist das Gegenteil der Fall, die Telefónica ist Aktionär der
Telecom. Und was das Merkwürdigste ist: Niemand scheint
dafür verantwortlich zu sein, verantwortlich für diese Ver-

nichtung von Ressourcen, neben der sogar Attilas Vernichtungswahn verblasst.

Wer bei Oviesse einen Pulli klaut, landet im Gefängnis – das ist passiert –, wer aber ein Unternehmen mit vielen tausend Mitarbeitern, mit Informatikern, Ingenieuren, Projektentwicklern in den Sand setzt, der riskiert nichts. Im Gegenteil. Und das Ergebnis ist, dass unsere Techniker, Informatiker und Ingenieure auf der Straße sitzen oder ins Ausland gehen. In den letzten 30 Jahren wurde ein Vermögen vernichtet, ein enormer Reichtum, der dem Staat gehörte: von Olivetti bis Telettra, von der IT bis zur Telekommunikation. Und kein Politiker hat auch nur einen Finger gerührt.

Fo Das Problem ist doch, dass es keine Wirtschaftsplanung und keine nationale Industriepolitik gibt. Hier fehlt eine Vision, die eine Richtung vorgibt und darauf abzielt, den Reichtum unseres Landes zu mehren. In Mailand, in Turin, vor allem in Norditalien hatten wir nach Kriegsende eine renommierte Maschinenbauindustrie. Es gab nicht nur FIAT. Wir haben Schiffe, Autos, Waschmaschinen, Kühlschränke, Möbel, Keramik hergestellt, die in der ganzen Welt für ihr Design berühmt waren. Was ist daraus geworden? In der Autobranche hat es FIAT dank ausgezeichneter Verbindungen zur Politik geschafft, überall verbrannte Erde zu hinterlassen. Erinnert ihr euch noch an Autobianchi, Lancia oder Alfa Romeo? FIAT hat sich all diese Marken und Ressourcen einverleibt und dann vernichtet. FIAT hatte Minister auf der Gehaltsliste, kaufte sich nach Gutdünken das Wohlwollen der Presse und verfügte über eine machtvolle Lobby im Parlament. Auch deshalb hat man beim Güterverkehr in Italien jahrelang auf die Straße und nicht auf die Schiene gesetzt und Autobahnen gebaut, die völlig überflüssig oder zumindest nicht unbedingt notwendig waren.

Grillo Alle waren nur von einem Gedanken beherrscht: Sie wollten so viele Autos wie möglich bauen, um Städte und Dörfer vollzustopfen – bis die Krise kam und das Spiel nicht mehr funktionierte. Heute sind wir wieder beim Produktionsniveau der siebziger Jahre angekommen.

Casaleggio Verantwortlich dafür sind die Mächtigen in unserer Gesellschaft und die Oligarchien. Sie haben den Staat scheibchenweise ausgehöhlt und sein Vermögen vernichtet. Und die Politik trägt daran mit Abstand die größte Schuld. Allerdings dürfen wir auch einen anderen, internationalen Aspekt nicht vergessen, der gern vernachlässigt wird: Frankreich, Deutschland und Großbritannien haben ein Interesse daran, dass wir in einer Position der Abhängigkeit verbleiben. Sie wollten noch nie ein industriell starkes, unabhängiges Italien; für sie sind wir Konkurrent, bestenfalls notwendiger Stützpunkt für die Kontrolle des Mittelmeers, eine »logistische Plattform«, wie Piero Fassino vom PD einmal gesagt hat. Nicht zufällig erging gerade an uns die Aufforderung, »unsere Hausaufgaben zu machen«. Niemand hätte gewagt, gegenüber Großbritannien oder Deutschland eine solche Formulierung in den Mund zu nehmen. Und nicht zufällig wartet so manches internationale Unternehmen nur darauf, bei uns auf Einkaufstour zu gehen und die italienischen Marken einzusacken.

Wir werden verramscht und sind bereit, auch noch unser restliches Vermögen zu verscherbeln. Wir wissen nur zu gut, dass unser Land am Ende ist, wenn die kleinen und mittleren Unternehmen nicht wieder auf die Beine kommen. Uns steht das Wasser bis zum Hals, wir haben keine IT-Branche, keine chemische Industrie und bald auch kein Verlagswesen mehr. Selbst alltägliche Überweisungen für unseren Einkauf wickeln immer häufiger ausländische Unternehmen ab: Wenn einer im Internet ein Buch kauft, bezahlt er bei Amazon, für andere Produkte bezahlt er bei eBay oder für die Werbung bei Google.

Grillo Bei uns ist die Situation besonders dramatisch, denn unsere Politiker klauen wie die Raben. Auch Spanien ist in der Krise, aber ich habe noch nicht gehört, dass die Regierung Zapatero sich aus den eigenen Kassen bedient. Nur aus unseren Staatskassen sind unvorstellbare Beträge verschwunden.

Fo Wir dürfen nicht vergessen, welche Tragödien unser Land hinter sich hat: zuerst die staatlich angeordneten Anschläge, dann den linksradikalen Terrorismus. Anfang der neunziger Jahre dann »Tangentopoli«, der Schmiergeldskandal, der zum Ende der »Ersten Republik« und zum völligen Zusammenbruch der Parteienlandschaft führte, und schließlich die langen Jahre, in denen Berlusconi hemmungslos seinen Machtgelüsten nachging. Niemand wird glauben, dass das spurlos an uns vorübergegangen ist. Während andere Staaten in ihre Zukunft investierten, waren wir voll und ganz mit der Rettung unserer Institutionen und unserer Demokratie beschäftigt. »Lassen wir der Gerechtigkeit ihren Lauf«, hat die Kommunistische Partei damals gebetsmühlenartig wiederholt. Und wir mussten ohnmächtig zuschauen, wie Prozesse von ihrem zuständigen Gerichtsort in den tiefsten Süden, bis nach Catanzaro in Kalabrien, verlegt wurden. Man kannte die

Namen der rechtsextremen Bombenleger genau, verfolgte aber drei Jahre lang nur die anarchistische Spur. Polizei und Teile der Justiz haben alle Ermittlungen abgewehrt, während Geheimdienst und Generäle fröhlich darauf anstießen, dass die unerhörten Verbrechen, die sie als »Strategie der Spannung« selbst geplant hatten, so fantastisch geglückt waren. Wir dürfen diese Verhältnisse, die uns so häufig ohnmächtig und sprachlos zurückgelassen haben, bei unseren Überlegungen nicht außer Acht lassen.

Der Antikapitalismus der Rechtsextremisten und der Antikapitalismus unserer »Bewegung«

Grillo Wie es um diese Verhältnisse bestellt ist, zeigt sich vielleicht am ehesten daran, dass sich scheinbar unumstößliche Gewissheiten auf einmal in Luft aufgelöst haben: die Überlegenheit von Liberalismus und deregulierten Finanzmärkten und das unwiderrufliche Ende des Kommunismus. Jahrelang haben sich unsere »besten« Journalisten daran abgearbeitet. Und nun ist das genaue Gegenteil eingetreten: Das kapitalistische System ist implodiert, und der chinesische Kommunismus, ein neuer Kommunismus zentralistischer Prägung, ist der strahlende Sieger. Das ist wirklich verrückt. Der einzige Kapitalismus, der sich bester Gesundheit erfreut, ist der chinesische. Wenn Mao noch erleben könnte, was aus seinem China geworden ist …!
Fo Aber Mao hatte schon erkannt, wie sich die Dinge entwickeln würden. Als wir 1974 China besuchten, lebte er

noch und erklärte uns: In ein paar Jahren werde ich nicht mehr da sein, und in sieben Jahren wird es einen chinesischen Kapitalismus geben. Er wusste schon, dass seine Nachfolger einen ganz anderen Weg einschlagen wollten.

Grillo Mit der Krise kehren die Ideologien zurück. Auch Nationalsozialismus und Faschismus sterben nicht aus. Ich erkenne sie schon von Weitem, ich rieche sie förmlich, und jetzt ist ihre Stunde gekommen. In Zeiten schwerer wirtschaftlicher und politischer Krisen kramt man die Schlagworte mit ihren simplen Wahrheiten wieder hervor. Das war schon immer so. Wenn heute einer sagt, »Schluss mit den Einwanderern«, braucht er nicht lange auf Gefolgschaft zu warten. In Frankreich haben wir Le Pen, in Finnland gewinnt die ausländerfeindliche Rechtspartei immer mehr Anhänger, von Ungarn ganz zu schweigen. Dort sind die Rechtskonservativen an der Macht, und die Rechtsextremen haben es bei den letzten Wahlen geschafft, mit antisemitischen Parolen drittstärkste Partei zu werden. In Europa formieren sich derzeit gewaltbereite rechte Gruppierungen, die mit billigen Gemeinplätzen an irrationale Gefühle appellieren: »Die Einwanderer nehmen uns die Arbeitsplätze weg«, oder »Das ist unser eigener Kuchen, den teilen wir unter uns auf.« Wer verzweifelt ist, der denkt so.

Casaleggio In Griechenland gibt es die »Goldene Morgenröte«. Die Partei schlägt zwei Saiten an: eine aggressive, die sich auf eine faschistische, antidemokratische Rhetorik stützt, und eine heimatverbundene, soziale und populistische.

Grillo Ja, so funktioniert das immer. Die momentane Situation ist brisant, es besteht die Gefahr sozialer Unruhen, nicht etwa, weil wir alle ärmer geworden sind, auch nicht, weil wir unseren Konsum einschränken oder unseren Lebensstil ändern müssen. Nein, weil antidemokratische und freiheitsverachtende Kräfte die Umbruchsituation für sich ausnutzen. Wir dürfen diesen Kräften keinen Raum geben. Viele unserer Gegner erkennen nicht, dass die 5-Sterne-Bewegung diesen Gruppen Einhalt gebietet. Ohne uns hätten sie noch größeren Zulauf.

Was den Euro und die Rolle des Geldes betrifft, sind ihre Überlegungen nicht uninteressant, werden allerdings zur Gefahr, wenn man sie als populistische Schlagworte einsetzt. Sie sagen ungefähr: Das Geld gehört uns, die Banken können uns nicht leihen, was uns sowieso gehört. Ein an sich wertloses Stück Papier erhält nur deshalb einen Wert, weil wir irgendwann vereinbart haben, dort die Zahl 100 aufzudrucken, der Schein ist unser Eigentum. Wenn dem so ist, dann muss der Staat eine bestimmte Geldmenge drucken und uns als Lebensunterhalt aushändigen. Der Staat muss den Geldkreislauf steuern. Wenn zu viel Geld im Umlauf ist, zieht er Geld ein und verbrennt es, gibt es zu wenig, druckt er Geld und bringt es in Umlauf. Rein gefühlsmäßig könnte man manchen Überlegungen dieser Art durchaus zustimmen.

Fo Ach, das zaubern die Rechten doch immer wieder aus dem Hut …

Grillo Aber wem das Geld nun eigentlich gehört, ist juristisch unklar. Geld wird in Italien von Privatunternehmen gedruckt und leihweise an uns ausgegeben. Die Rechtsextremen sagen: Wir wollen die Goldparität, die Banken sollen so viel Geld drucken, wie Gold in ihren Depots liegt, eine staatliche Währung und eine italienische Zentralbank garantieren unsere Souveränität. Muslimische Banken arbeiten ganz ähnlich. Und was für ein Zufall: Sie waren nicht von der Finanzkrise betroffen, die die westliche Wirtschaft erschüttert hat, weil sie Zinsen ablehnen, keine Derivate kaufen und sich nicht an Spekulationsgeschäften beteiligen. Malaysia wächst jedes Jahr um 6–7 Prozent, weil sich das Land nicht beim Internationalen Währungsfonds und der WTO verschuldet hat. Wer keinen Kredit aufnahm, konnte seine Haut retten.

Notenbankgewinn und Volksabstimmung über den Euro

Fo Ich habe den Eindruck, dass ihr euch das Ganze zu einfach macht.

Grillo Aber es ist einfach, viel einfacher, als man denkt. Die Bank bedruckt Papierscheine mit der Zahl 100, der eigentliche Wert der Scheine ist aber viel geringer. Diese Differenz nennt man »Agio«. Der Bank entstehen durch den Geldschein die Kosten X, sie leiht ihn dir aber zu einem höheren Betrag. Für den Geldschein musst du dich verschulden. Aber warum solltest du überhaupt einen Aufschlag zahlen? Wenn mir der Geldschein gehört, da ich ja italienischer Staatsbürger bin, brauche ich ihn nicht zu leihen und dafür Schulden zu machen. Ich muss nur den eigentlichen Wert des Papierscheins bezahlen. In einer Deflation druckt der Staat dann Geld und bringt es in Umlauf, in Inflationszeiten verringert er die Geldmenge. Ein schönes Beispiel hierfür findet sich auf der britischen

Kanalinsel Guernsey, heute ein Steuerparadies: Im 19. Jahrhundert brauchte die Insel eine neue Markthalle, der britische Staat druckte das notwendige Geld, und als er die verliehenen Sterling später zurückbekam, vernichtete er sie wieder. Es wurde also kein zusätzliches Geld in Umlauf gebracht, aber eine neue Markthalle gebaut und ein Wert geschaffen.

Das Beispiel zeigt, dass es zu unserem aktuellen System Alternativen gibt. Es ist nicht das einzig mögliche System und nicht so unverrückbar wie alle glauben. Umso schlimmer ist es, dass solche Überlegungen ausgerechnet aus der rechtsextremen Ecke kommen. Warum überlassen wir ihnen die Kapitalismuskritik? Bei den Rechtsextremen genießen die Vertreter solcher Theorien großes Ansehen – wie der 2006 verstorbene Giacinto Auriti, seinerzeit Professor an der Universität Teramo. Sonst beschäftigt sich niemand mit diesen Themen, erst recht nicht die Linken.

Casaleggio Hier kommt noch eine grundsätzliche Frage ins Spiel, die teilweise erklären kann, warum wir dieses System haben: Die italienische Zentralbank befindet sich nämlich in Privatbesitz.

Grillo Auch die amerikanische Zentralbank, die »Federal Reserve«, ist und war immer in Privatbesitz, aber die Verhältnisse dort sind anders. Es ist ein Unterschied, ob ich das Geld nur von Privatleuten drucken lasse oder ob die Notenbank selbst in Privatbesitz ist wie in Italien. Die »Banca d'Italia« gehört den Banken »Monte dei Paschi« und »Unicredit«, großen Versicherungen und zu 5 Prozent der italienischen Sozialversicherung (INPS).

Fo Apropos »Monte dei Paschi«. Beinahe wäre die Bank

pleite gegangen. Was sagt ihr zu dem Skandal, in den die Parteien, von Bersanis PD bis zu Monti und seiner Regierung, verwickelt sind? Das sind doch unvorstellbare Zahlen. Die Bankinstitute haben sich Derivate in monströser Höhe einverleibt: sage und schreibe 7560 Milliarden Euro. Natürlich stehen wir am Abgrund. So ergeht es Parteien, die herumtönen: »Wir besitzen eine Bank.«

Grillo Das muss alles ganz neu überdacht werden – die Eigentumsverhältnisse sind völlig undurchsichtig. Wir wollen eine staatliche Bank, die dazu beiträgt, dass ein Unternehmen nicht in Konkurs geht, also ein Unternehmen unterstützt.

Fo Aber früher gehörten die meisten Banken doch der öffentlichen Hand?

Grillo Wir sprechen hier von der italienischen Zentralbank, der »Banca d'Italia«. Die Schwedische Zentralbank gehört dem Staat und nicht Privatleuten. Die Lieblingsbeschäftigung italienischer Banken besteht ja darin, unsere Staatsanleihen aufzukaufen, aber den Unternehmen Kredite zu verweigern. Sie würgen damit jeden Aufschwung ab. In Frankreich geschieht genau das Gegenteil. Der derzeitige Finanzminister Pierre Moscovici plant, eine öffentliche Investitionsbank zu gründen, die kleine und mittlere Unternehmen fördert. François Hollande soll dort Aufsichtsratsmitglied werden. Er hat im Wahlkampf wiederholt gesagt, er betrachte die Finanzwelt als den eigentlichen Gegner, der bekämpft und in den Dienst der Realwirtschaft gestellt werden muss. Die neue Bank kann Darlehen in Höhe von 20 Milliarden Euro vergeben, hinzu kommen noch 12 Milliarden für Bürgschaften und 10 Milliarden für die Beteiligung am Eigenkapital von Unternehmen.

Fo Und hat er den Plan schon umgesetzt?

Grillo Das hat er. Außerdem erhebt er auf Einkommen ab 1 Million Euro 75 Prozent Steuern. Als das bekannt wurde, haben viele Reiche ihr Geld sofort ins Ausland transferiert, beispielsweise der Schauspieler Gérard Depardieu. Solange es keine europäische Steuerpolitik gibt, wird es immer Schlupflöcher geben, und die Leute eröffnen einfach ein Konto in einem anderen Land: in Belgien oder Luxemburg, wo man statt, sagen wir, 48 Prozent nur 13 Prozent Steuern zahlt. Ein einzelnes Land ist machtlos; wir brauchen eine europäische Steuerpolitik, eine europäische Börse, nur so kann es Steuergerechtigkeit geben. Alle sprechen von Steuergerechtigkeit, aber keiner will sie in die Tat umsetzen.

Casaleggio Wir vergessen oft, dass die Europäische Union zwar 27 Mitgliedstaaten hat, aber nur 17 Länder den Euro eingeführt haben. Der Euro ist nicht die EU. Das wird uns allerdings gern suggeriert, damit wir glauben, EU und Euro seien ein und dasselbe.

Grillo Polen hat den Euro nicht eingeführt, und diesem Land droht keine Staatspleite, wohl aber Griechenland, Spanien, Portugal und Italien, die den Euro haben. Wenn Italien unter Berlusconi bankrott gegangen wäre – mit einem Schuldenberg von 1900 Milliarden Euro, von denen sich ungefähr die Hälfte, nämlich Anleihen im Wert von mindestens 900 Milliarden, in der Hand ausländischer Gläubiger befand – wären auch Deutschland und Frankreich, unsere größten Gläubiger, pleite gegangen und hätten ganz Europa mit sich gerissen. Also kam der Konkursverwalter Monti. Er hatte die Aufgabe, wenigstens einen Teil der Gelder zu retten, die diese Länder in Italien angelegt hatten, und versprach deshalb, sieben Atomkraft-werke zu bauen, Wasser, Strom und Abfallentsorgung zu privatisieren, kurz und schlecht: unsere Souveränität zu opfern. Wer Schulden hat, macht sich zum Sklaven, er muss sich den Bedingungen seiner Gläubiger beugen.

Dann kommt am 11. März 2011 Fukushima. Atomkraft-werke sind passé, und die Volksabstimmung über das Wasser schiebt der Privatisierung, die dem französischen Großkonzern Veolia in die Hände gespielt hätte, einen Riegel vor. Doch Frankreich besitzt italienische Staats-papiere im Wert von fast 400 Milliarden Euro, die schon 30–40 Prozent an Wert verloren haben, und stimmt nun ebenso wie Deutschland zu, dass Mario Draghi Anfang 2012 Anleihen für beinahe 1000 Milliarden Euro – natür-lich von den europäischen Staaten finanziert – an europäi-sche Banken ausgibt.

Auf diese Weise bekommen unsere Banken von der EZB Hunderte Milliarden zu einem Zinssatz von nur 1 Prozent, die sie aber einzig und allein dafür verwenden, neu aufge-legte Anleihen zu kaufen und die alten Anleihen von deut-schen und französischen Banken zurückzukaufen, um so der Spekulation auf italienische Staatsanleihen Einhalt zu bieten. Nicht ein Euro davon geht an die italienischen Unternehmen, denen die Liquiditätskrise langsam die Luft zum Atmen nimmt. Frankreich und Deutschland interessieren sich ja nur dafür, ihre angelegten Gelder zurückzubekommen. Die Italiener opfern sich also eigent-lich für den Schuldenrückkauf.

Wenn Frankreich und Deutschland einmal den Großteil ihrer fälligen Anleihen wiederhaben – in knapp einem Jahr haben sie bereits 35 Prozent der ausstehenden Gesamtsumme zurückerhalten –, dann interessieren sie sich nicht mehr für uns, dann bedeutet der Risikozinsaufschlag keine Gefahr mehr. Aber wir werden immer ärmer und verlieren an Wettbewerbsfähigkeit.

Fo Darum ist Monti im Ausland auch so angesehen.

Grillo Natürlich. Weil unsere Gläubiger Vertrauen in ihn haben. Bei Amtsantritt hat er gesagt, dass unser Problem die enorme öffentliche Schuldenlast ist, aber in seiner Regierungszeit sind die Schulden auf 2000 Milliarden angewachsen. In einem einzigen Jahr hat er weitere 100 Milliarden Schulden angehäuft, für die wir jetzt Zinsen zahlen müssen. Wir können uns abstrampeln, wie wir wollen: Solange wir unsere Schulden nicht in den Griff bekommen und die Zinszahlungen nicht einfrieren, bleibt unsere Lage hoffnungslos. 2013 müssen wir allein an Zinsen 90 Milliarden Euro zahlen, unsere Steuern gehen also direkt an die Banken. Und mit jedem Jahr wird unsere Lage prekärer, aber die Abwärtsspirale lässt sich nicht mit einer Steuererhöhung aufhalten, wie sie derzeit diskutiert wird.

Casaleggio So sieht unsere Meinung zu diesem Thema aus. Manche Ökonomen sind natürlich anderer Ansicht und behaupten, dass wir Unsinn reden. Aber wir haben schon vor drei Jahren in einem Blogeintrag die Wirtschaftskrise und den Sturz Berlusconis vorausgesagt, auf Jahr und Monat genau. Nur bei Monti lagen wir nicht hundertprozentig richtig, er gehörte aber zu unserem Kandidatenkreis, Monti oder Draghi. Draghi ist dann zur EZB gegangen.

Grillo Momentan kapriziert sich ja jeder darauf, dass ich aus dem Euro aussteigen will, dass ich komplett wahnsinnig bin und unser Land gefährde. Dabei habe ich nur gesagt: Ich will, dass uns ein Plan B vorgelegt wird, ich will, dass man uns sagt, was passiert, wenn wir in der Eurozone bleiben, und was, wenn wir die Eurozone verlassen. Diese Informationen stehen uns zu. Ob wir aus dem Euro aussteigen oder nicht, darüber entscheidet dann eine Volksabstimmung, also das italienische Volk und nicht Grillo und auch nicht irgendein Idiot, der in Manhattan mit AAA-Ratings jongliert. Bei solchen wichtigen Fragen findet eine Volksabstimmung statt, und im Vorfeld der Volksabstimmung können sich alle umfassend und frei informieren. Wir wollen wie Erwachsene behandelt werden und nicht wie Kinder, denen man die Wahrheit verschweigt. Wo bleibt denn sonst die Demokratie? Wir dürfen die Entscheidung über unsere Zukunft nicht einer Handvoll Funktionäre überlassen, die hinter verschlossenen Türen tagen und die Augen vor der Realität verschließen. Schon bei der Einführung des Euro hätte es eine Volksabstimmung geben müssen, schließlich ging es im Grunde um die Preisgabe unserer Souveränität.

Wenn es kein Zurück mehr gibt

Fo Was kann man angesichts einer derart dramatischen Situation tun? Welche Instrumente haben wir, um einer solchen Dynamik etwas entgegenzusetzen?
Grillo Belgien war zwei Jahre lang ohne Regierung, und niemand hat es gemerkt, die Wirtschaft hat sich sogar positiv entwickelt. Was soll denn passieren, wenn diese

heuchlerischen Speichellecker nicht mehr im Fernseh-Zirkus auftreten, meint ihr, dadurch wäre irgendetwas anders? Unser Land steht am Abgrund, und die treten noch immer in Talkshows auf, in ihren eigenen Fernsehsendern, die ihnen noch ein wenig Leben einhauchen, aber in Wahrheit sind sie längst scheintot.

Fo Liest du gerade die *Toten Seelen* von Gogol?

Grillo Lenk mich nicht ab, das ist ein anderes Thema. Kehren wir zu uns zurück. Auch die letzten, hektischen Vorwahlen, die bei den anderen Parteien ja vor allem Wahlkampfzwecken und nicht der Erneuerung dienten, zeigen, dass die alteingesessenen Politiker ihren Platz nicht räumen wollen. Von Monti ganz zu schweigen. Wir haben ja gerade darüber gesprochen, warum er Regierungschef wurde. Er hat die Machtclique und die Kirche hinter sich. Ein echter Wandel ist also sehr schwierig.

Vor diesem Hintergrund ist die 5-Sterne-Bewegung die einzige wirkliche Alternative. Schauen wir uns doch einmal an, womit die Parteien ihre demokratische Gesinnung demonstrieren. Auf den vorderen Listenplätze finden sich wie immer die bekannten Namen, eine Art Arche Noah der bedrohten Politikerrasse. Die Parteigremien, die die Kandidaten küren, scheinen nach dem Motto vorzugehen: Alle Abgeordneten, die vor ihrer siebten, achten Legislaturperiode stehen, werden gerettet, alle anderen sind unwichtig und gehen von Bord. Und vor allem müssen alle Vorbestraften und Angeklagten ihre Posten behalten, besonders, wer zur Mafia gehört oder ein Freund von einem Freund dieser Ehrenwerten Gesellschaft ist.

Fo Täglich kommen ja neue Ungeheuerlichkeiten ans Licht: Bereicherung, Veruntreuung, führende Persönlichkeiten haben sich wieder Millionen in die Taschen gesteckt. Wisst ihr, was ich denke? Es wäre besser, wenn ihr im Kampf gegen diese Schweinereien nicht mehr ganz so lautstark auftretet, es genügt doch, wenn ihr alles ganz genau beobachtet und aufzeichnet. Ich meine, ihr dürft auf die Provokationen und Beschimpfungen gar nicht mehr reagieren, mit denen die anderen euch ständig Knüppel zwischen die Beine werfen. Wenn ihr schweigt, macht das denen mehr Angst, als wenn ihr entrüstet aufschreit. Und ab und zu mischt ihr euch unter die Leute. Ich bin sicher, dass ihr so mehr Stimmen bekommt, die Umfragewerte sehen ja jeden Tag wieder anders aus, wir stehen schließlich am Rande des Chaos.

Grillo Senatspräsident Renato Schifani ist ja dieser Ausrutscher unterlaufen, als er sagte: »Wenn wir kein neues Wahlgesetz haben, bekommt die 5-Sterne-Bewegung 80 Prozent.« Das kann doch nur eins bedeuten: Sie haben wirklich Angst vor uns und trauen uns mehr zu als wir uns selbst. Alles ist möglich, wer weiß, vielleicht können wir einen echten Überraschungscoup landen und ziehen mit achtzig bis hundert Abgeordneten ins Parlament ein.

Fo Aber die Linken können sich doch nicht mit den Rechten gegen euch verbünden, das wäre doch geradezu schamlos.

Casaleggio Hör mal. Glaubst du denn, irgendeine der traditionellen Parteien hätte Skrupel, für einen neuen Pas de deux eine 180°-Wendung zu vollführen? Weißt du, was meiner Meinung nach passieren wird? Wenn der M5S eine starke Fraktion stellt, dann kommt eine Neuauflage der Großen Koalition: mit PD, PDL, SEL, UDC und vielleicht auch Rivoluzione Civile. So wie vorher in der Regierung Monti. Dann bleibt alles beim Alten.

Fo Aber warum sollten die Linken da mitspielen?

Casaleggio Aus einem einfachen Grund: weil sie alleine nicht genug Stimmen haben.

Fo Aber ihnen reichen schon 35 Prozent …

Casaleggio In der Kammer. Aber wer regieren will, braucht die Mehrheit im Senat. Und wahrscheinlich wird in der nächsten Legislaturperiode keiner die Mehrheit im Senat haben.

Fo Alles ist möglich, obwohl Parteien und Medien gegen euch sind. Man wird natürlich Umfrageergebnisse veröffentlichen, die eure Stärke und Anziehungskraft herunterspielen sollen. Offensichtlich hat es heute jede Opposition schwer.

Casaleggio Lega Nord und Italia dei Valori sind ja in Opposition zur Regierung Monti gegangen, auch wenn das vielleicht nur Augenwischerei war. Und siehe da: beide wurden politisch eliminiert. Andere Parteien, denke ich, hätten dieselben Probleme, vielleicht sogar in noch größerem Maße. Aber auch das haben wir schon vor einem Jahr vorausgesagt. Wir prophezeiten auf unserem Blog: »Wer gegen die Regierung Monti opponiert, dem wird der Garaus gemacht.« Und so war es dann auch: Die Medien haben pausenlos auf die Opposition eingeschlagen, auf alle, die nicht auf Montis Seite standen. Wir erleben derzeit wieder einmal einen unglaublichen politischen Klüngel. Man weiß überhaupt nicht mehr, wer eigentlich zu welcher Partei gehört und wofür ein Politiker überhaupt steht. Jetzt wählen wir angeblich nicht mehr die Parteien, sondern Personen: Doria hat in Genua gewonnen, Pisapia in Mailand und Orlando in Palermo. Aber am Ende steckt hinter den Wahlsiegern doch die Parteien, die die Kandidaten hinter den Kulissen unterstützen. Ingroia ist nur das Feigenblatt für die Grünen, der kommunistische PRC, Italia dei Valori, die frühere Sinistra Arcobaleno … Alles ändert sich, damit alles bleibt, wie es ist.

Grillo Die Parteien haben sich überlebt.

Fo Natürlich. Sie sind absolut unglaubwürdig geworden.

Casaleggio Leider gibt es da noch das Trägheitsmoment. Viele Menschen haben Angst vor Veränderungen. Rentner und Staatsbedienstete sehen in den Parteien eine bewährte Größe, einen Garanten, der ihnen ihren Lebensstandard sichert. Sie denken, wer weiß, was passiert, wenn ich die 5-Sterne-Bewegung wähle. Am Ende habe ich vielleicht weniger Gehalt oder Rente in der Tasche. Ein Sprung ins Ungewisse. Und sie sind viele, es gibt ungefähr 19 Millionen Rentner und 4 Millionen Beschäftigte im öffentlichen oder halböffentlichen Dienst, denen der Staat Monat für Monat Gehälter und Renten überweist. Diese Wähler sehen in jeder Veränderung eine Gefahr. Sie begreifen nicht, dass wir noch enden werden wie Argentinien, wenn wir so weitermachen. Dabei werden sie das als Erste zu spüren bekommen.

Fo Fabriken machen dicht, die Arbeitslosigkeit steigt: Das könnte doch aber zu einer Erschütterung der politischen Landschaft führen, meint ihr nicht?

Casaleggio Nein, ich glaube, das Ganze wird uns erst um die Ohren fliegen, wenn der Staat die Gelder an diese 23 Millionen Menschen nicht mehr auszahlen kann.

Grillo Dann ist es zu spät.

Casaleggio Der Staatshaushalt beruht heute auf ständig

steigenden Staatsschulden, für die wir Jahr für Jahr mehr Zinsen zahlen müssen, und auf einer unmenschlichen Steuerlast, übrigens der höchsten in Europa: Bei beiden ist das Ende der Fahnenstange irgendwann erreicht.

Fo Können wir den Teufelskreis denn überhaupt noch durchbrechen und den Kollaps verhindern? In den vergangenen Jahren hatten wir wohl mehr Geld, das Bruttosozialprodukt ist gestiegen, jetzt haben wir keine Mittel mehr.

Grillo Der einzige Ausweg scheint vielen der Ausverkauf unseres Staatsvermögens zu sein.

Fo An wen? Ans Ausland?

Casaleggio Italien besitzt eine der größten Goldreserven der Welt.

Grillo Ja, 2500 Tonnen zu 1600 Euro pro Unze.

Fo Unsere Situation ähnelt der am Ende des Römischen Reiches: Mythen und Imperien zerfielen damals in rasender Geschwindigkeit, es kam Neues, aber nur, um bald darauf ebenso unterzugehen. Die Barbaren kamen von überall, über die Alpen und vom Meer her.

Casaleggio Nur stehen die Barbaren heute nicht mehr an den Grenzen, sondern sind schon hier.

Fo Und die Barbaren haben das Römische Reich schließlich gerettet. Ihnen ist es zu verdanken, dass es noch weitere fünf Jahrhunderte überdauerte.

Casaleggio Ja, eigentlich endete das Römische Reich sogar erst im 15. Jahrhundert, mit der Eroberung Konstantinopels 1453 und dem endgültigen Untergang des Oströmischen Reiches.

Fo Du meinst also, es wird gar keine Unruhen geben, die Lage wird nicht explosiv?

Casaleggio Doch, wenn dem Staat die Gelder ausgehen und er seine Beamten und Angestellten nicht mehr bezahlen kann. Dann kämpft jeder ums nackte Überleben. Ich denke da an soziale Unruhen, vielleicht stellt man auch die Einheit Italiens infrage. Je eher wir das System ändern, je eher die Verantwortlichen ihren Platz räumen, desto größer ist die Wahrscheinlichkeit, dass wir den Zerfall noch aufhalten und als geeintes Land neu anfangen können. Es kann aber auch sein, dass es zum *Tipping Point* kommt, dann kippt die Situation und es gibt kein Zurück mehr. Was dann passiert, ist völlig offen.

»Ja gut, aber wo ist das Programm?«

Fo Das Problem ist doch, dass sich die Entwicklung weiter beschleunigt und immer mehr Dinge zusammenkommen. Meint ihr nicht, dass das früher oder später alle zu spüren bekommen? Und wenn ja, wie wird das konkret aussehen?

Grillo Der Prozess läuft schnell ab, sehr schnell. Wie schnell, hängt auch davon ab, mit wie viel Zerstörungswut man gegen mich und die Bewegung vorgeht. Wir sind ja jetzt die Einzigen, die noch übrig sind. »Italia dei Valori« hat sich erledigt, die Lega Nord hat sich erledigt. Jetzt greifen sie mich an, meine Familie, meine Frau und meine Kinder. Aber zum Glück haben wir das Internet, unseren Blog, wir können uns verteidigen. Man will mich und Gianroberto vorführen, wir sollen beide bekloppt und korrupt sein, aber die Bewegung ist angeblich ganz in

Ordnung. Wenn wir die Segel streichen, dann wäre die 5-Sterne-Bewegung gerettet. Das ist deren Strategie.

Fo Bei den öffentlichen Auftritten komme ich oft mit Leuten ins Gespräch, und nach unserem unerwarteten Wahlerfolg in Sizilien wurde ich häufig mit der Frage konfrontiert, wie es mit den Fünf Sternen weitergehen soll: ob die internen Streitigkeiten, die die Bewegung immer mal wieder erschüttern, ihren Erfolg nicht gefährden und ob sie nicht bald in anderen Parteien aufgehen wird. Ich habe den Leuten geantwortet: Die Medien und die Parteien, allen voran natürlich das Fernsehen, machen aus unseren Meinungsverschiedenheiten ein Dauerthema und bauschen sie zu einer Riesenstory auf, die sich bei näherem Hingucken als reines Märchen entpuppt: So hat man von den sogenannten Dissidenten, die vor Weihnachten aus der Partei ausgeschlossen wurden, ganz schnell nichts mehr gehört. Aber ich habe auch gesagt: »Passt auf, es wird nicht lange dauern und dann finden sie etwas anderes, um Grillo zu diskreditieren, denn Grillo ist für die politische Klasse eine Bedrohung, er verbreitet unter den Politikern Angst und Schrecken.« Viele behaupten auch, weil sie Grillo schaden wollen, dass die Bewegung kein Programm habe, dass sie einfach nur gegen alles sei. Wirklich dreist. Es gibt ein Programm, man muss es nur lesen. Übrigens, habt ihr schon mal von einer anderen Partei ein schriftliches Programm gesehen?

Casaleggio Wir sind das große Schreckgespenst.

Fo Doch trotz der zahlreichen Angriffe eurer Gegner geltet ihr als überaus glaubwürdig. Wichtig ist, dass ihr auch in Zukunft Einfallsreichtum beweist. Die Fantasie, die den anderen fehlt, ist eure Waffe. Das hat Grillo unter anderem ja bewiesen, als er durch die Meerenge von Messina geschwommen ist.

Grillo Hör mal, wenn ich jemandem vom Fernsehen oder von der Presse unser Programm erkläre, schaut er mich meistens fragend an und sagt: »Ja gut, aber wo ist das Programm?« Du antwortest ihm: »Wir wollen den Bürgern politische Instrumente an die Hand geben, in der Verfassung ein Volksbegehren ohne Quorum verankern, wir wollen das Parlament verpflichten, über Volksbegehren zu debattieren.« Die Antwort: »Ja, das weiß ich, aber was sagt euer Programm?« Also rede ich weiter: »Man muss die Börse reformieren, die Ämterhäufung abschaffen, Schachtelbeteiligungen auflösen …«. Starrer Blick: »O.k., gut, aber das Programm?« Also spreche ich über die Finanzkrise, die Abschaffung der Provinzen, die Wahlkampfkostenerstattung, die finanziellen Zuwendungen an Tageszeitungen … Einwand: »Gut, aber was tut ihr, um den Arbeitsmarkt zu beleben?« »Wir ersetzen Erdöl durch erneuerbare Energien. Dadurch schaffen wir unter anderem neue Arbeitsplätze in der stagnierenden Bauwirtschaft und in der Landwirtschaft, die heutzutage Millionenschäden verursacht. Gleichzeitig muss man kleine und mittlere Betriebe steuerlich entlasten …« Es ist hoffnungslos. Du kannst ihnen stundenlange Vorträge halten, es kommt immer derselbe Sermon: »Ihr habt kein Programm, ihr wollt nur alles niedermachen.« Was soll man solchen Idioten noch sagen?

Casaleggio Wofür seid ihr überhaupt, außer dass ihr gegen alles seid? Es ist immer dasselbe Mantra, das wir zu hören bekommen. Und ausgerechnet von Leuten, die noch kein einziges Programm wirklich umgesetzt haben, falls sie, was unwahrscheinlich ist, überhaupt ein Programm haben.

Grillo Einfach unglaublich. Alle meine Auftritte waren ein einziges Programm: wie baut man einen Motor, wie baut man ein Haus, wie kann man Strom transportieren oder Müll wiederverwerten? Ich mache seit 20 Jahren Politik und rede über reale Dinge, über Wirtschaft, Arbeitsplätze und Innovationen.

Fo Mit deinen Auftritten hast du den Leuten Hoffung gegeben, nicht in einem abstrakten Sinn, sondern ganz konkret, obwohl du sie manchmal beschimpft, dich über sie lustig gemacht oder auf den Arm genommen hast. Wenigstens ein bisschen Hoffnung, verdammt!

Grillo Keiner kann jetzt ankommen und behaupten, er suche das Gespräch, das ich angeblich nicht will. Die wissen doch gar nicht, was ein Gespräch ist. Ein Gespräch funktioniert nur, wenn man sich auf Augenhöhe begegnet. Wo bleibt denn sonst das Gespräch?

Fo Richtig. Das Treffen zwischen den FIAT-Arbeitern aus Mirafiori und Melfi und FIAT-Chef Sergio Marchionne kann man ja wohl kaum als Gespräch bezeichnen! Die Arbeiter wedeln mit dem Massenkündigungsschreiben, und Marchionne setzt ihnen die Pistole auf die Brust!

Grillo Wie lauteten denn unsere Vorschläge, als wir 2007 den Vaffanculo-Tag (»Haut-ab-ihr-Ärsche-Tag«) veranstaltet haben? Alle Vorbestraften raus aus dem Parlament, Begrenzung auf zwei Legislaturperioden und Einfluss des Wählers auf die Parteilisten – durch eine Vorzugsstimme. Das konnte die Linke nicht mittragen? Vorbestrafte aus dem Parlament zu verbannen ist doch linke Meinung. Öffentliche Wasserversorgung ist keine linke Idee? Ich habe mir in Arzachena einen Parteiausweis des PD geholt, weil man laut Satzung nur als eingeschriebenes Mitglied an der Parteiversammlung teilnehmen konnte. Ich wollte ihnen sagen: »Guckt mal, wir haben die und die Idee, die könnt ihr jungen Leute vom PD vielleicht übernehmen.« Ich wollte am Parteitag teilnehmen, aber man hat es mir untersagt. Ihrer Meinung nach vertrat ich eine feindliche Bewegung, weil ich gegen Atomkraftwerke war und korrupte Parlamentarier rausschmeißen wollte. Erst tun sie so, als würden sie solche Kandidaten nicht mehr zulassen, aber dann stehen sie wundersamerweise wieder auf der Liste. Das sind reine Machtspiele!

Sie waren einfach dumm, genauso dumm wie Bettino Craxi, als ich damals im Fernsehen diesen harmlosen Witz über die Sozialisten machte, die sich fragen, wen die Chinesen bloß beklauen sollen, wenn sie alle Sozialisten sind. In den Abendnachrichten ist er dann über mich hergefallen: »Was fällt diesem Clown ein, gerade die Sozialisten anzugreifen?!« Damit hat er mich erst zum Widerstandshelden gemacht. Hätte er einfach gesagt, das sei wohl ein bisschen dick aufgetragen, aber eigentlich ganz witzig, hätte ich den Mund gehalten und niemand hätte sich mehr dafür interessiert. Ich hätte nie gedacht, dass der Witz so hohe Wellen schlagen würde. Und der Fernsehsender, die RAI, hat mich deswegen gekündigt …

Damals fand gerade die erste Volksabstimmung gegen Atomkraft statt, ich redete in der Sendung also über das Kraftwerk Caorso. Eigentlich wollte der Sender das nicht, aber etwas in mir war einfach stärker. Ich erwähnte also die vielen Zwischenfälle im Kraftwerk, machte dann den Witz

über die Sozialisten und sehe, wie der Aufnahmeleiter sich die Kopfhörer herunterreißt, sie auf den Boden schmeißt und rausgeht. Vor den Augen des Publikums. Und Pippo Baudo, der Moderator, geht ebenfalls, die Techniker verlassen das Studio, und das Publikum hört auf zu lachen. Es merkt, dass etwas nicht stimmt. Ich hatte keine Ahnung, was los war, ich wunderte mich, weil ich nur noch in erschrockene und verlegene Gesichter blickte. Ich dachte: »Scheiße, die Atomkraft. Das gibt Ärger.« Ich war überzeugt, ich hätte es mit dem Atomkraftwerk übertrieben, das war ja politisch heikel. Ich verlasse also das Studio, weit und breit ist niemand sehen, ich gehe ins Hotel, und da fällt mir der Portier um den Hals und sagt: »Endlich hast du es mal gesagt, super!« »Was habe ich gesagt?« »Dass die Sozialisten sich die Taschen vollstopfen!«
Am nächsten Tag ruft mich mein Manager in aller Frühe an und sagt: »Hier hast du Craxis Privatnummer. Ruf ihn an, ruf ihn bloß an und entschuldige dich!« »Bist du bescheuert? Ich soll mich für einen Witz entschuldigen? Da kann ich mich als Komiker vergessen. Ihr könnt mich mal!« Dann bin ich mit einer deutschen Freundin ins Aostatal gefahren. Was folgte, waren Telefongespräche, die Presse, ein riesiger Wirbel, die Titelseite des »Espresso« – womit dann auch dem Letzten klar war, dass nicht ich den ganzen Zirkus verursacht hatte, sondern Craxi, der nicht begreifen wollte, wie Kommunikation funktioniert. Sein Drang, als Sieger dazustehen und den zu vernichten, der es gewagt hatte, ihn mit den Waffen der Satire anzugreifen, war einfach stärker. Da zeigte sich das wahre Gesicht der Macht. Wenige Jahre später ist Craxi ja dann über den Schmiergeldskandal gestolpert.

Fo Und danach warst du nicht mehr im Fernsehen?

Grillo Ich würde sagen, ich stand plötzlich vor verschlossenen Türen. Aber mit dem Werbespot für Yomo-Joghurt kam ich wieder rein und habe dann Letizia Moratti, der damaligen RAI-Präsidentin, einen kostenlosen TV-Auftritt angeboten.

Fo Und, was ist passiert?

Grillo Nichts zu machen, sie wollte mich nicht. Schließlich wurde Claudio Dematté, der Rektor der Universität Bocconi, RAI-Chef. Er hatte keine Ahnung vom Fernsehen, war aber ein anständiger Kerl. Er sagt zu mir: »Ja, ich kann Ihnen ein bisschen Sendezeit geben.« Ich bekomme zwei Live-Auftritte, zwei Stunden. Wir vereinbaren einen Termin mit der Vertragsabteilung, und ich erläutere mein Angebot: »Ich will kein Geld, ich habe mit der Tournee schon genug verdient, ich brauche keine öffentlichen Gelder. Gebt mir einfach den Sendeplatz, und ich benötige auch keine aufwendige Bühne. Ein Tisch, ein Stuhl, das reicht.« »Das geht nicht«, sagt man mir. Die Rechtsabteilung ruft mich an: »Sie sind bekloppt, Sie müssen mindestens 250 Millionen Lire (130000 Euro) pro Auftritt nehmen. Weniger geht nicht.« »Warum nicht?« »Weil das sonst nach versuchter Steuerhinterziehung aussieht. Wir müssen Ihnen die 250 Millionen zahlen, das können Sie drehen und wenden, wie Sie wollen, das muss sein.« Ein absurdes Theater. In den Vertragsverhandlungen konnte ich mich nicht durchsetzen. »Ich könnte auf 5 Millionen hochgehen!« »Nein, davon kann gar keine Rede sein. Sagen wir 245, das ist unser letztes Wort.«

Fo Was soll das sein? Absurdes Theater?

Grillo Sieht so aus! Wisst ihr, was wir am Ende ge-

macht haben, damit wir das Geld nicht annehmen mussten? Ich habe privat das Theater der RAI, »Delle Vitto-
rie«, angemietet, und die Leute haben Eintritt gezahlt,
etwa 50000 Lire, also etwa 25 Euro, für 200 Plätze. Ich bin
zweimal aufgetreten, hatte etwa 17 Millionen Zuschauer,
und die RAI hat das Ganze keine Lira gekostet. Aber ich
bekam dafür die Eintrittsgelder von einem realen Publikum. Die Verhandlungen waren allerdings eine Qual. Ich
will damit nur sagen: ich wusste schon damals, in welche
Richtung ich gehen wollte. Mich hat die Nähe zum Publikum interessiert und nicht das Fernsehen.

Für Veränderungen braucht es nur eine Idee

Fo Was wirklich zählt, sind doch der Veränderungswille,
die Vorstellungskraft, dass man sich auch wieder neu erfinden kann. Das gilt für alle Bereiche, nicht nur für das
Theater, sondern genauso für die Industrie und, wie wir
gesehen haben, für die Politik.

Grillo Apropos Industrie: Die mangelnde Innovations-
kraft von FIAT hat ja traurige Berühmtheit erlangt, wie
wir schon erwähnt haben. Ich will euch etwas erzählen,
wodurch das Ganze vielleicht besser verständlich wird. Im
Jahr 2000 bin ich mit zwei deutschen Ingenieuren bei
FIAT gewesen und habe dort ein innovatives Fahrzeug-
modell präsentiert. Es hieß »Smile« und war ein abgewan-
delter Renault Twingo: mit Biturbo-Motor, der 80 Kilo
weniger wog, viel Aluminium und geringerem Luftwider-
stand. Das ermöglichte beträchtliche Kraftstoffeinsparun-

gen: das Auto verbrauchte auf 100 Kilometer nur noch 1,5 statt ehemals 5 Liter. Ich war stolz auf den Prototyp und hatte schließlich zwei Ingenieure, die mich unterstützten, ich ging also zu den Gewerkschaftern und erläuterte, warum diese Innovationen, angesichts steigender Kraftstoffpreise, in den nächsten Jahren entscheidend sein könnten. Ihre Reaktion war ausgesprochen eisig, sie setzten uns vor die Tür – es gibt einen Film, wo man das Ganze anschauen kann. Ich habe ihnen gesagt: »Wenn ihr solche Autos nicht herstellen wollt, dann könnt ihr in zehn Jahren dichtmachen.« Jetzt mussten sie Werke dichtmachen. Dabei wusste jedes Kind, dass es höchste Zeit war, in ein Zukunftsauto zu investieren, wenn die Zukunft nicht anderen gehören sollte. Den Japanern zum Beispiel.

Wir hatten ja fähige Ingenieure, bei den Hochleistungsmotoren waren wir Weltspitze. FIAT hätte schon vor Jahren Wasserstoffautos und Bifuel-Autos bauen können, hat aber allein auf Diesel gesetzt, weil Markt, Autobranche und Erdölindustrie danach gierten. Im Forschungszentrum Orbassano hatten die Fiat-Ingenieure schon alles ausgetüftelt: vom Bifuel- bis zum Hybridantrieb, auch die Infrarotkamera, mit der man bei schlechten Sichtverhältnissen wie Nebel sicherer fährt.

Fo Was willst du überhaupt? Ein Sichtgerät bei Nebel? Wo bleibt denn da der Spaß, wenn du bei Nebel gar keine Gefahr mehr läufst, mit dem Auto von der Straße abzukommen oder mit einem Lkw zusammenzukrachen?

Grillo Und noch was. Auch das Start-Stopp-System, das den Motor automatisch ausschaltet, wenn das Auto etwa an einer Ampel hält, hat FIAT erfunden. Im »Argenta« aus den achtziger Jahren war das System schon eingebaut.

Aber mit seiner unendlichen Weitsicht hat Cesare Romiti das alles zunichte gemacht und lieber in Banken und Diversifizierung investiert. Die Forschungsingenieure mussten gehen, und was aus FIAT geworden ist, das sieht man ja.

Fo Kommen wir in die Gegenwart zurück. Dass die Stadt Turin die Erpressung von Sergio Marchionne – entweder Kurzarbeit oder Werksschließungen – hingenommen hat, ist eine Tragödie. Damit setzt sich die lange, unaufhaltsame Abwärtsspirale fort, die am Ende dazu geführt hat, dass das Herz des einst bedeutendsten italienischen Autobauers heute in den USA schlägt. Und zwar mit Zustimmung des PD und der meisten Gewerkschaften.

Grillo Natürlich ist die Umstellung einer ganzen Branche keine einfache Sache. Sehen wir uns zwei Beispiele an: Kodak und Fuji, beides internationale Hersteller von Fotofilmen, ein amerikanisches und ein japanisches Unternehmen. Als die Digitalkameras kommen, schafft es Kodak nicht, das Unternehmen umzustellen, und meldet Konkurs an. Ende, aus. Fuji aber organisiert sich neu und entlässt niemanden. Der Konzern macht sich sein Knowhow aus der Filmherstellung zunutze – etwa bei Antioxidationsmitteln, Kollagen – und wird zum führenden Kosmetika-Anbieter, Fuji verkauft jetzt Cremes. Alles, was es dafür brauchte, war ein neue Idee. Aber es gibt noch andere Beispiele. Interface, ein weltweit führender Teppichbodenhersteller, hat einen neuen Manager eingestellt und sich neu erfunden. Das Unternehmen bietet nun Teppichböden an, die nicht mehr aus Erdölprodukten, sondern aus Mais hergestellt werden. Und es verkauft seine Böden nicht mehr pro Quadratmeter, sondern als Teppichmo-

dule, da sich beispielsweise in Büros nicht alle Teppichbo-
denbereiche gleichmäßig abnutzen. Man muss also nicht
mehr den ganzen Teppichboden erneuern, sondern tauscht
nur einzelne Module aus, etwa in den stärker frequentier-
ten Fluren.

Ergebnis: mehr Beschäftigte, mehr Gewinn, geringere
Herstellungskosten und weniger Abfall. Dasselbe gilt bei
Interface für die Heizkessel. Früher kam ein Heizkessel
auf den Müll, wenn er nicht mehr funktionierte, heute
werden Teile wiederverwertet, und nur noch insgesamt
ein Drittel wandert in den Müll. Es geht also darum, nicht
mehr ein Produkt zu verkaufen, sondern eine Dienstleistung oder eine Produktfunktion.

Casaleggio Die Umstellung ist heute entscheidend. In
meiner Zeit als Geschäftsführer habe ich auf zahlreichen
Vorstandsmeetings erklärt, warum die einen Unternehmen überleben und die anderen nicht. Interessant dabei
ist, dass die durchschnittliche Lebensdauer eines Unternehmens weltweit nur 23 Jahre beträgt. Unternehmen, die
mehr als 100 Jahre auf dem Buckel haben, sind äußerst
selten. Es sind die Unternehmen, die sich an veränderte
gesellschaftliche Bedingungen und neue Marktgegeben-
heiten anpassen. Das ist einfach ein Muss. In Italien gehen
extrem viele Neugründungen in den ersten drei Jahren
pleite. Das System macht ihnen den Garaus, noch bevor
sie aus den Kinderschuhen raus sind. Der Staat unter-
nimmt nichts, um sie zu fördern, also gehen sie ein. Ein
einziges Firmensterben.

Engagement ist gefragt

Fo Deiner Meinung nach, Gianroberto, gibt es also widerstandsfähige Unternehmen, denen die Zeit nichts anhaben kann, und andere, die schon nach wenigen Jahre scheitern. Ich glaube, bei jeder Arbeit muss man innovativ sein. Beppe und ich machen ja beruflich mehr oder weniger dasselbe. Beppe entwickelte in seinen Anfangsjahren eine Aufführungsform und veränderte sie später, weil er eine größere Nähe zum Publikum suchte, er ging vom Fernsehen weg, das ihn gern behalten hätte – er wurde nicht rausgeschmissen –, es gab Ärger, das schon, aber er hätte ins Fernsehen zurückkehren können, denn er ist unverwechselbar: Ihm steht die Welt offen. Aber was hat er gemacht? Er hat seine Aufführungsform verändert und sich unmittelbar an sein Publikum gewandt. Seine Auftritte auf öffentlichen Plätzen wurden überall in Italien zu einem Riesenerfolg. Er füllte riesige Hangars und redete dort über Politik: Er lachte, riss Witze und nahm die Mächtigen aufs Korn. Und ich habe es ähnlich gemacht. Ich habe nach neuen Aufführungsformen und -orten gesucht, ich wollte ein anderes Theater, ich verließ das Fernsehen, trat wieder im Fernsehen auf. Ich spielte ebenfalls in Hangars. Und darum gibt es uns heute noch, auf wenn wir ganz unterschiedliche Sachen machen.

Casaleggio Ihr seid beide eine erfolgreiche Ich-AG.

Fo Wir müssen immer im Hinterkopf behalten, dass die Menschen darauf warten, dass sich etwas bewegt. Ein Politiker wie Berlusconi, der alle verarscht, deprimiert die Leute doch. Wir müssen vor allem zuhören, was die Leute wollen. Deshalb ist es gut, dass Beppe durch Italien fährt, zu den Leuten redet und das Gespräch mit ihnen sucht, ohne dass Presse oder Fernsehen als Vermittler fungieren. Echtes Engagement kann nur so aussehen.

Grillo Politisches Engagement und Veränderungen setzen aber auch voraus, dass man künftige Entwicklungen frühzeitig erkennt. Wir müssen vorhersehen, was kommt. Wenn wir das nicht schaffen und nur noch den Ereignissen hinterherrennen, dann können wir einpacken.

Fo Wer natürlich Tag für Tag nur vom Fernseher hängt, der bekommt nichts mit und fragt darum erschrocken und mit zitternder Stimme: »Was halten Sie denn von Grillo?«

Grillo Die Neugier treibt uns an. Wer neugierig ist, freut sich, wenn er interessanten Leuten begegnet. Weil ich neugierig war, wollte ich Casaleggio kennenlernen. Oder ich bin in der Welt herumgereist, weil ich wissen wollte, wie unsere Zukunftsvisionen aussehen könnten.

Fo Wir probieren Neues aus. Ich habe wieder angefangen zu malen, wie ein Verrückter, weil ich unbedingt einmal etwas anderes machen musste. Du doch auch. Du wolltest dich in anderen Zusammenhängen bewegen. Aber es geht nicht nur um Neugier. Irgendwann merkt man, dass die eigenen, einst bewährten Arbeitsmethoden abgegriffen sind, dass man Neues ausprobieren muss und sich nicht nur ständig wiederholen darf. Die Menschen sind von Kunst schnell gelangweilt, sie wollen, dass wir Emotionen wecken. Ihr Alltag ist schon trist genug, banal, da gibt es wenig Interessantes und keine geistigen Herausforderungen. Ich glaube, wir brauchen Zukunftsvisionen, müssen aber gleichzeitig in der Gegenwart verhaftet bleiben. Wir müssen vorbereitet sein, wenn es Zeit ist zu handeln.

Betrachten wir einmal die Französische Revolution: Es ist offensichtlich, dass niemand vorher darüber nachgedacht hatte, was mit dem Ausbruch der Revolution passieren würde. Es gab ein Ideal, das man in die Zukunft projizierte, aber plötzlich stand man vor der konkreten Frage, wer denn nun die Macht übernehmen sollte und wie, wer über notwendige Maßnahmen und ihre Umsetzung entscheiden sollte. Die Revolutionäre diskutierten und zerstritten sich, schon bald war die Guillotine beliebtes Druckmittel. Damals hat die Straße den Sieg über die Zukunftsvisionen davongetragen. Alle Hoffnungen waren damit begraben. Die Revolution war am Ende. Es reicht nicht, einfach den König einen Kopf kürzer zu machen.

Grillo Aber sie hatten eine Vision: Liberté, Égalité, Fraternité … drei Ideen, die bis heute gelten, oder?

Fo Aber nach 25 Jahren Revolution hatte Frankreich wieder einen König. Wieso?

Casaleggio Verglichen mit Napoleon war Ludwig XVIII. ein lupenreiner Demokrat …

Grillo Da hast du recht.

Casaleggio Napoleon krönte sich selbst zum Kaiser, er ließ den Papst aus Rom anreisen, um den neuen Kaiser zu segnen. Kann es mehr Machtfülle geben? Und er heiratete in die österreichische Kaiserfamilie. Die Restauration ließ sich nicht mehr aufhalten, aus einer Bürgerrevolution wurde eine Adelsrevolution.

Grillo Freiheit, Gleichheit, Brüderlichkeit haben aber als Ideen überlebt und bilden das Fundament unserer westlichen Zivilisation. Ich würde ihnen allerdings gern die Subsidiarität zur Seite stellen, ich erinnere an den Mönch, über den wir gesprochen haben. Und ich meine nicht die katholische Bewegung »Comunione e liberazione«. Bei der Subsidiarität geht es um Selbstbestimmung, Subsidiarität bedeutet, dass die »untere« Ebene sich entfalten und entwickeln kann und dass die »obere« Ebene sie dabei unterstützen muss. Wir als M5S stehen in der Mitte zwischen zwei Ebenen: dem gescheiterten Staat und den Bürgern. Der Staat müsste neue Bewegungen eigentlich unterstützen, statt in Panik zu geraten und sie zu marginalisieren. Stellt euch mal vor, was für ein Perspektivwechsel das wäre, wenn der Staat sich so weitsichtig verhalten würde!

Es herrscht Krieg

Grillo Man muss das ganze System ändern … Genauso wie wir neue Energiequellen erschließen müssen.
Casaleggio Wenn man das System ändern will, muss man auch die Menschen ändern.
Grillo Aber wie willst du die Menschen ändern, wenn wir in Friedenszeiten leben? Dazu braucht man eine Revolution, eine friedfertige natürlich.
Fo In Wahrheit herrscht momentan doch Krieg.
Grillo Aber die Menschen merken es nicht, weil sie mitten drinstecken. Sie merken es einfach nicht! Und auch wir können nicht mit einer fertigen Lösung ankommen, die Lösung muss jeder für sich finden. Das Programm der Fünf Sterne? Los, schaut, wo ihr es findet, kritisiert es ruhig und macht doch Verbesserungsvorschläge. Ich erkläre nichts mehr! Mit Erklärungen überzeugt man eh kaum

einen. Wen es interessiert, der soll sich das Wissen, das er braucht, selbst aneignen und dann eine Entscheidung treffen. Kein Wahlergebnis wurde je von einem vorgefertigten Programm beeinflusst. Die Veränderung muss im Kopf von jedem Einzelnen stattfinden.

Casaleggio Ein Systemwechsel wirkt sich natürlich auf das Wahlverhalten aus. Ihren Wahlsieg von 1948 verdankt die Democrazia Cristiana nicht ihrem Programm, sondern der Tatsache, dass sich ihre Wähler mit ihrer Stimme für ein bestimmtes Lager entschieden haben.

Grillo Verdammt, damals lag Italien wirklich in Trümmern! Aber der Trümmerhaufen, vor dem wir heute stehen, ist unsichtbar – auch wenn er noch schlimmer ist als die Kriegsschäden.

Fo Doch die Leute wählen euch, weil sie merken, dass ihr über Dinge berichtet, die sonst unter den Teppich gekehrt werden. Ihr informiert über Ereignisse, Fakten, Umstände, über unterschlagene und verfälschte Tatsachen. Das ist neu. Ihr liefert Inhalte, die Parteien nicht. Ihr zeigt, dass man in die Politik gehen und halb so viel verdienen kann wie andere Politiker, dass eine alternative Politik möglich ist. Und dass es kein Traum bleiben muss, die Privilegien, lebenslangen Pensionen und heimlichen Vergünstigungen der Politiker abzuschaffen.

Grillo Wisst ihr überhaupt, dass die sieben Bundesräte, also die Minister der schweizerischen Regierung kein Gehalt bekommen? Sie arbeiten weiterhin in ihrem Beruf, als Ingenieure oder Anwälte, und bekleiden gleichzeitig ein nicht besoldetes Ministeramt. Jeweils für ein Jahr übernehmen sie dann abwechselnd das Amt des Bundespräsidenten.

Casaleggio Mich interessiert eigentlich nicht, was in der Schweiz, Deutschland oder Paraguay los ist. Das können meinetwegen Anregungen sein, ist aber doch nicht das Evangelium. Diese Vergleiche interessieren mich nicht. Wir haben hier unsere Online-Vorwahlen abgehalten, die hat sonst niemand auf der ganzen Welt. Jedes Land ist wieder anders, Vergleiche sind deshalb immer ein schwaches Argument. Was wir den Italienern deutlich machen müssen, ist, dass man das politische System reformieren kann und dass wir schon dabei sind, das zu tun – und es kostet noch nicht einmal was, wie etwa der Bürgermeister von Parma beweist, der sich auf keine politische Kungelei einlässt.

Die Trägheit des Systems

Grillo Veränderungen passieren nach einem traumatischen Ereignis. Roosevelt hat einfach gesagt: »Meine Herren, in 24 Stunden müssen Sie die Autoproduktion stoppen, wir befinden uns im Krieg: Sie da produzieren ab sofort Ketten, Sie kugelsichere Westen und Sie Schiffe. Fahren Sie die Produktion herunter, Autos werden nicht mehr verkauft, hergestellt oder gehandelt.« Das sagte er immerhin zu Ford, dem größten Unternehmen in den USA. Roosevelt hat die Welt in nur 24 Stunden verändert, aber damals war Krieg. Wie soll man die Leute heute davon überzeugen, dass sich die Dinge radikal ändern müssen?
Fo Jetzt mach mal einen Punkt. Wir haben doch gerade festgestellt, dass ihr die Leute über wichtige Dinge infor-

miert, die sie sonst nie erfahren würden. Das ist eure Stärke. Vergesst nicht, dass ihr damit über eine schlagkräftige Waffe verfügt.

Casaleggio Ja, das stimmt. Die 5-Sterne-Bewegung verdankt ihren Erfolg unserer Informationsarbeit, den Informationen auf unserem Blog. Im Netz konnten sich Informationen verbreiten, die die Mainstream-Medien unter den Teppich kehren wollten. Und bleiben wir gleich bei den Medien, bei einem besonders schlimmen Fall. Im Taubstummeninstitut »Provolo« in Verona wurden taubstumme Kinder jahrelang von Priestern sexuell missbraucht. Erst wir haben die Vorkommnisse damals nach sorgfältigen Recherchen öffentlich gemacht, die *New York Times* griff unsere Nachricht dann auf. Eine kleine lokale Gruppe, zu der unter anderem ehemalige Opfer gehören, versucht, die Ereignisse aufzuarbeiten. Es ist dieselbe Gruppe, die auch den Missbrauchsskandal in Irland losgetreten hat, der durch alle Zeitungen ging: Aber in Irland hat es die Kirche nicht geschafft, die Veröffentlichung in der Presse zu unterbinden, dabei sind die Geschehnisse in Verona hundertmal schlimmer.

Fo Der Skandal hat ganz Irland erschüttert. Die massenhaften Proteste gegen die katholische Kirche zwangen Kurie und Bischöfe schließlich, die Verbrechen öffentlich zuzugeben.

Casaleggio Aber siehst du, wie die Zeitungen vorgehen? Nehmen wir Beppe Grillo. Die Zeitungen reden von ihm nur als Komiker oder besser noch Ex-Komiker, als könnten nur Leute Politik machen, die als Politiker auf die Welt gekommen sind. Wenn er als Klempner gearbeitet hätte, wäre er dann jetzt Ex-Klempner? Beppe ist ein Bürger, der seine Rechte wahrnimmt und umsetzt, was in der Verfassung steht.

Fo Ein Blick auf eure Kandidatenliste genügt, dann sieht man sofort, welches Spiel die Presse spielt, um euch in jeder Hinsicht zu diskreditieren.

Casaleggio Die meisten Spitzenkandidaten haben ja einen oder mehrere Universitätsabschlüsse.

Fo Aber dann heißt es bestimmt, dass sich die akademische Elite wieder einmal die Posten unter den Nagel reißt!

Casaleggio Obwohl sie in Wahrheit wahrscheinlich arbeitslos sind.

DIE LETZTE ETAPPE

Unterschriften-Odyssee: Kafka lässt grüßen

Fo Kommen wir zu den Wahlen. Damit ihr eure Kandidatenliste überhaupt hinterlegen konntet, musstet ihr Unterstützerstimmen sammeln. Das hat sich nicht einfach gestaltet. Ihr wart die Einzigen, die die Quadratur des Kreises hinbekommen mussten, noch dazu in allerkürzester Zeit. Auch das ist seltsam, denn der Wahltermin im Februar 2013 wurde ja erst im Dezember festgelegt.

Casaleggio Ja, durch Montis Rücktritt im Dezember 2012 hat sich die Abgabefrist für die Unterschriften um sage und schreibe zwei Monate verkürzt. Wir mussten ja in allen Wahlkreisen in Italien und in vier Auslandswahlkreisen Unterschriften sammeln. Wir haben getan, was wir konnten, und es geschafft, die Formulare mit den Kandidatenlisten für Kammer und Senat bis Samstag, den 15. Dezember 2012, 4 Uhr morgens, an die Verantwortlichen der Bewegung in ganz Italien zu verschicken und außerdem die sogenannte »Massacro Tour« mit Beppe Grillo zu organisieren. Er hat in den Wahlkreisen, wo es knapp war, an zwei Wochenenden auf 20 Wahlkundgebungen gesprochen.

Dabei muss man bedenken, dass die Zahl der erforderlichen Unterschriften zu diesem Zeitpunkt noch nicht halbiert worden war, dies sollte erst nach Weihnachten passieren. Wir mussten unsere Unterschriftenstände also draußen in der Kälte aufstellen, häufig lag sogar Schnee. Trotzdem gelang es uns, in dieser Zeit ungefähr 120000 Unterschriften zu sammeln. Die Auflösung der Kammer war völlig überraschend gekommen, ein Blitz aus heiterem Himmel. Das Parlament stimmte gar nicht über einen Misstrauensantrag gegen Monti ab. Monti trat zurück, weil der Sekretär von Berlusconis Partei, Angelino Alfano, eine Erklärung abgegeben hatte, mit der er die Zusammenarbeit aufkündigte. Unglaublich.

Die 5-Sterne-Bewegung hat in ganz Italien Unterschriftentische organisiert. Dabei mussten auch Behördenvertreter, Ratsmitglieder und Notare anwesend sein, damit die Unterschriften rechtskräftig waren. Es war wirklich mörderisch. Wenn wir uns nicht schon seit Juli 2012, also frühzeitig, auf die Wahlen vorbereitet hätten, hätten wir gar nicht antreten können. Wir wurden von zwei Rechtsanwaltskanzleien unterstützt, von denen eine auf Wahlrecht spezialisiert ist, und außerdem noch von zwei Notarbüros. Sie waren Tag und Nacht, auch am Wochenende für uns da und halfen uns auch später, als wir unser Parteilogo beim Innenministerium hinterlegen und die gesammelten Unterschriften bei den verschiedenen regionalen Gerichten abgeben mussten.

Die Geschwindigkeit, mit der die Krise über uns herein brach, hat uns überrascht, aber wir haben nicht aufgegeben. Darauf hatten viele vielleicht spekuliert. Nur wenige Tage zuvor hatte der Staatspräsident noch erklärt, dass man mit dem »Porcellum«, dem aktuellen »Schweine«-Wahlrecht, keine Wahl bestreiten könne, aber dann löste er das Parlament auf, während Monti gleichzeitig von allen umjubelt wurde: Alle wollten seine sagenumwobende »Agenda« oder nannten ihn schon den Ministerpräsident ihrer nächsten Koalition. Das verstehe, wer will. Zum allerersten Mal finden italienische Wahlen nun im Februar statt, im Winter, wenn das Land vielleicht durch Schneefälle lahmgelegt ist. War es nicht eben noch von höchster Wichtigkeit, jeden Anflug einer Krise im Keim zu ersticken, damit die Zinssätze für unsere Staatsanleihen nicht steigen? Mit Montis Rücktritt hat sich die Zinssituation beruhigt.

Grillo Die Menschen sind wütend, so wütend, wie ich es noch nie erlebt habe. Es fehlt nicht viel, dann entlädt sich diese Wut in einer Explosion. Als ich heute im Zug saß, erklärten mir die Bahnpolizisten, dass sie auf meiner Seite stehen; ich müsse etwas unternehmen, und das sagen nicht nur sie, das sagen mir auch die Spezialeinheiten, die Digos, und die Carabinieri, und das ist ein echtes Alarmsignal. Die Polizisten verstehen nicht mehr, was mit unserem Staat los ist. Und wenn sie die Seite wechseln, dann können unsere Politiker einpacken. Die Politiker begreifen überhaupt nicht, welche Gefahr sie heraufbeschwören.

Casaleggio Wir leben in einem System, in dem die Bürokratie Logik oder gesunden Menschenverstand außer Kraft gesetzt hat. Die Bürokratie legitimiert sich nur noch selbst. Die Hinterlegung unseres 5-Sterne-Logos war an Absurdität kaum zu überbieten. Nicht einmal Kafka hätte das ersinnen können. Wer ein Parteilogo und die dazugehörigen Unterlagen hinterlegen möchte, muss sich zum Innenministerium in Rom begeben. Das gilt allerdings nicht für Parteien, die schon im Parlament vertreten sind, wohl aber für eine Partei wie die 5-Sterne-Bewegung, die mit ihrem Logo nicht weniger als fünf Regionalwahlen und schon mehrere hundert Kommunalwahlen bestritten hat.

Nach ausführlichen Gesetzesstudien, Beratungen mit Rechtsanwälten, notariellen Beglaubigungen, Anweisungen, Gegenanweisungen, amtlichen Mitteilungsblättern, Interpretationen und Gegeninterpretationen kommt dann endlich der Tag X, an dem das Parteilogo hinterlegt werden kann. Ein Parteilogo kann jeder hinterlegen, auch wenn er keine einzige Unterstützerstimme erhalten hat. Die Formulare mit den Unterschriften müssen nämlich erst eine Woche später bei den verschiedenen Gerichten der Wahlkreise hinterlegt werden. An der Posse kann sich also jeder beteiligen. Die Hinterlegung beginnt, wenn sie beginnt, ganz nach Ermessen der Beamten. Überraschung! Plötzlich werden vor dem Innenministerium Absperrungen aufgestellt, und öffentliche Bedienstete passen auf, dass keiner aus der Reihe tanzt. Wer einmal einen Platz in der Reihe erobert hat, muss bleiben, wo er ist. Jeder will natürlich vorn stehen, damit es ihm nicht ergeht wie uns. Man muss seinen Platz wie im Schützengraben verteidigen.

Die Ersten standen schon Montag Nachmittag, am 7. Januar 2013, vor dem Ministerium, obwohl das Büro vor Freitag, dem 11. Januar, 8.00 Uhr, kein Logo annahm. 90 Stunden in der Kälte, Tag und Nacht, im Schichtdienst, mit heißem Kaffee und Freunden, die abwechselnd anstehen. Da geht es ja auf einem Fischmarkt würdevoller zu, jeder Trödelmarkt ist besser organisiert.

Freitag, den 11. Januar, werden zwei unserer Rechtsanwälte und ein technischer Berater der 5-Sterne-Bewegung im Wahlbüro vorstellig. Nachdem unsere Leute die Beamten begrüßt haben, entdecken sie auf der elektronischen Anzeigetafel zwei fast identische Logos. Irgendjemand, der vor uns in der Reihe stand, hat unser Logo eingereicht, nur ohne Internetadresse. Das Parteilogo sieht unserem zum Verwechseln ähnlich.

Wir haben Beschwerde eingelegt und gewonnen, aber es hätte auch anders kommen können. Ein derart entwürdigendes Schauspiel wäre in keinem anderen zivilisierten Land denkbar: Hunderte Antragsteller, die sich wie armselige Bittsteller vor dem Innenministerium drängeln, schubsen und anschreien. Manche sind sogar mit provisorischen Zelten gekommen. Die Zeitungen haben darüber wie über ein Folklore-Spektakel berichtet, statt die Verantwortlichen zur Rede zu stellen. Apropos: Wer sind überhaupt die Verantwortlichen?

Grillo Und ich bin derweil mit meinem Wohnmobil auf Wahlkampftour, ich bereise auf meiner »Tsunami Tour« das ganze Land. Die Menschen empfangen mich mit Begeisterung.

In Lecce kamen im Januar 10 000 Leute. Die Luftbilder sind einfach überwältigend.

Mit dabei sind außerdem Walter, der fährt, Pietro, der live auf Facebook und anderen sozialen Medien berichtet, und Salvatore, der unsere Wahlkampfveranstaltungen und Interviews als Streaming ins Internet stellt. In Gianrobertos Büro in Mailand haben wir einen Internetkanal gestartet. Mit zwei Moderatoren, Matteo und Flavio, und mithilfe unseres Technikers Filippo sind wir 14 Stunden täglich auf

Sendung. Der Kanal ist interaktiv, die sozialen Medien sind integriert, und jeder, der über eine Webcam verfügt, kann von zu Hause aus mitmachen. Der Kanal, der auf YouTube, dem wichtigsten derartigen Internetkanal in Italien, basiert, hatte in seinen Anfangstagen mehr Klicks als jeder andere Kanal auf der ganzen Welt. Gianroberto nennt ihn »Das Ding«, nach dem Horrorfilm *Das Ding aus einer anderen Welt* von John Carpenter. Aber keine Angst, das ist einfach seine Art von Humor.

Casaleggio Ich möchte noch etwas ergänzen, was unsere Konsulate im Ausland betrifft. Besser gesagt, ich möchte Italiener im Ausland zu Wort kommen lassen, die uns berichtet haben, welche Hindernisse sie beim Sammeln der Unterstützerunterschriften überwinden mussten. Die reinste Hölle. Das Abbild eines Landes, das ins Mittelalter zurückgefallen ist. Bei uns sind Aberdutzende von Beschwerden eingegangen. Ich gebe hier nur zwei wieder. Wir leben in Absurdistan.

Heute morgen gehe ich zum italienischen Vizekonsulat in Arad, in Rumänien: Geschlossen! Ich rufe die Festnetznummer an, mein Anruf wird auf eine Handynummer weitergeleitet. Ich habe eine Frau am Apparat, die ich scheinbar gerade geweckt habe. Ich erkläre ihr, dass ich das Konsulat als Anlaufstelle brauche, wo die Unterstützer der 5-Sterne-Bewegung ihre Unterschriften abgeben können. Die Frau gibt mir zur Antwort, dass dies nicht möglich sei, weil das Konsulat bis 15. Januar geschlossen habe. Ich sage: »Vielen Dank und ein gutes neues Jahr.« Wer in Arad wohnt, muss also für seine Unterschrift jetzt bis nach Timisoara fahren, das sind hin und zurück 130 Kilometer, dabei könnte er in Arad ohne große Umstände unterschreiben. Ich frage mich, wozu die

Vizekonsulate überhaupt gut sein sollen, wenn wir dann doch zu den weit entfernten Konsulaten fahren müssen? Ich werde einen Transferdienst nach Timisoara einrichten, damit wir noch ein paar Stimmen mehr bekommen, die dann vielleicht entscheidend sind! Giuseppe Asselti

Ich habe mich am 13. Dezember ins italienische Konsulat in Stuttgart begeben, um eine Meldebescheinigung für meinen Auslandswohnsitz zu erhalten, die ich den Unterlagen für meine Kandidatur hinzufügen will. Am Telefon rät mir ein Mitarbeiter, eine nicht näher erläuterte Aufenthaltserlaubnis, -bestätigung oder -bescheinigung mitzubringen, was ich auch tue. Aber das genügt nicht. Ich brauche noch eine Meldebestätigung. Ich mache der Mitarbeiterin deutlich, dass ich 100 Kilometer weit entfernt wohne und heute schon einen Arbeitstag verloren habe, aber es hilft alles nichts: Ich muss wiederkommen. Ich kann mir aber nicht erlauben, noch einen Arbeitstag zu verlieren. Die Mitarbeiterin könne doch meinen aktuellen Wohnsitz einfach überprüfen, wenn sie in der Gemeinde, wo ich gemeldet bin, anrufen würde, denn ich bin ordnungsgemäß im amtlichen Verzeichnis im Ausland lebender Italiener gemeldet. Leider ermahnt eine Kollegin die Mitarbeiterin, dass »das nicht geht«. Die Mitarbeiterin diskutiert also lieber eine halbe Stunde mit ihrem Vorgesetzten, und als sie endlich wiederkommt, lautet ihre Antwort natürlich nein. Ich füge mich ins Unvermeidliche. Ein verlorener Arbeitstag und 200 umsonst gefahrene Kilometer.

Sehr verehrter Herr Konsul,
ich unterrichte seit über 20 Jahren an verschiedenen öffentlichen und privaten Instituten italienische Sprache und Kultur,

ich bin Mitglied der Italienisch-Deutschen Gesellschaft in Karlsruhe, aber ich habe nicht den Eindruck, dass ich von Ihrer Behörde angemessen vertreten werde, weder als italienische noch als europäische Bürgerin. Einen herzlichen italienischen Gruß möchte ich im Übrigen auch der Dame zukommen lassen, die an diesem Tag in ihrem Rollstuhl ohnmächtig und hilflos am Fuß der Treppe warten musste, weil sie nicht in den ersten Stock gelangen konnte. Loredana Quinterno

Es kann doch nicht so schwer sein, unsere italienischen Mitbürger im Ausland elektronisch unterschreiben zu lassen. Oder vielleicht doch? Unser Staatsapparat, der auf endlosen Tagungen große Reden über die Digitalisierung schwingt, muss dringend entbürokratisiert und modernisiert werden.

Fo Die Menschen sind wütend, aber von den Politikern kommen immer nur dieselben Signale. Wer glaubt, dass sich der politische Apparat von selbst reformiert, der täuscht sich. Das zeigt sich schon daran, dass die Politik nicht fähig oder willens ist, unser aktuelles »Schweine«-Wahlrecht zu ändern.

CasaPound

Grillo Ich bin eine Kämpfernatur, ich schaue nach vorn und gebe alles, deshalb kann ich es nicht hinnehmen, wenn sich innerhalb unserer Bewegung verschiedene Flügel bilden. Entweder ist man dabei oder nicht. Wenn mich jemand für unehrlich hält, dann soll er bitte gehen. Wir befinden uns seit sechs Jahren im Kampf, weil wir eine wirklich autonome 5-Sterne-Bewegung wollen. Wenn jemand für sich persönlich andere Ziele sieht, bitte sehr, aber nicht bei uns. Die 20 Fragen, die mir die Abweichler gestellt haben und bei denen es ja um nichts anderes als Provokation ging, können sie sich an den Hut stecken. In Zeiten, in denen alle Welt versucht, Zwietracht unter uns zu säen, müssen wir zusammenhalten. Ich habe keine Zeit, mich mit Leuten zu beschäftigen, die mir alles Mögliche unterstellen und die Atmosphäre vergiften.

Fo Du hast ja recht. Aber wir müssen aufpassen, dass wir nicht in eine Falle tappen; denk an die Falle, in die uns ein Mitglied der allseits bekannten Neonazi-Gruppierung *CasaPound* locken wollte. Er wollte dir angeblich ihr Programm erläutern, nach dem Motto »Wir haben ja dieselben Ansichten wie ihr«: die umkämpften Stadtviertel, die Besetzung leerstehender Gebäude als Hilfe für Obdachlose, die Klage gegen Banken, weil diese nur im Interesse von Großunternehmen handeln. Und er hat dich schließlich gefragt: »Können wir mit diesen Ansichten bei euch Mitglied werden?« Und du hast wörtlich zu ihm gesagt: »Warum nicht, wir sind eine ökumenische, eine universelle Bewegung. Wenn jemand von *CasaPound* bei Fünf Sterne Mitglied werden will und die erforderlichen Voraussetzungen mitbringt, kann er das tun, solange er unsere Parteilinie und unsere Regeln akzeptiert.« Und er: »Viele von uns sind allerdings nicht unbescholten, gegen sie laufen Verfahren wegen nicht genehmigter Demonstrationen, wegen der Störung öffentlicher Betriebe, der Besetzung von Büros …« Und du: »Wenn jemand ein öffentliches Amt bekleidet, muss er auch unbescholten sein. Meinungsdelikte zählen nicht, aber Vermögensdelikte schon. Ich komme sogar auf 86 Verfahren, das ist italienischer Rekord.«

Um Himmels willen! In allen Fernsehnachrichten und im Internet wurde ein und dieselbe kurze Szene wieder und wieder gezeigt, natürlich gespickt mit giftigen und boshaften Kommentaren. Dabei dauerte das Originalvideo eine Viertelstunde. Ihr habt in aller Ruhe über eure Ansichten und über die allgemeine politische Lage diskutiert, aber die Verantwortlichen bei Fernsehen, Presse und Radio schnitten darin herum, was das Zeug hält, und fabrizierten eine Collage, die gerade noch eine Minute dauerte.

Darum meine ich, dass es ein schwerer Fehler ist, sich auf solche Gespräche einzulassen, die allein der Liebe zur Dialektik geschuldet sind. Dem Mann stand das Wort »Nazi« auf der Stirn geschrieben, und Nazi ist gleichbedeutend mit Konzentrationslagern, mit Millionen Frauen, Kindern und Männern, die in den Gaskammern starben, und der will dir unter dem Deckmantel des volksnahen Menschenfreundes seine Bewegung präsentieren!

Grillo Ja, manche behaupteten auf einmal, ich würde die Fünf Sterne für *CasaPound* öffnen. Aber das waren Lügen, die von den »PR-Schleimern des Systems« bewusst in die Welt gesetzt wurden. Ich habe unsere Bewegung für keine Partei geöffnet, ich bin weder ein Nazi, noch sympathisiere ich mit irgendwelchen Neonazis.

Ins Gefängnis!

Fo Du bist selbstlos, du versteckst dich nicht vor der Menge, wenn sie dich mit Fragen bombardiert, du stellst dich jeder Diskussion. Es fällt dir schwer, den Diskussionen aus dem Weg zu gehen, du willst die Leute durch deine Selbstlosigkeit läutern. Aber du riskierst dabei, irgendwann am Kreuz zu enden. Hoffen wir mal, dass du dann auch wieder auferstehst! Aber eigentlich dürfte ich dir gar nicht die Leviten lesen, mir ist das nämlich schon genauso passiert. Als ich mich einmal wie ein Opferlamm verhielt, bin ich sogar ins Gefängnis gewandert.

Grillo Wahrscheinlich ist es diese Erfahrung, die mir fehlt.

Fo Das war auf Sardinien, in Sassari, 1973. Unsere Theatertruppe feierte damals unglaubliche Erfolge: In unserem Stück stand in Italien ein unmittelbarer Staatsstreich bevor, ähnlich wie der Putsch durch die Militärjunta in Griechenland oder Chile. Wie sich später herausstellen sollte, gab es in Italien Anfang der siebziger Jahre wirklich Leute, die einen Putsch wollten. Pläne für die Festnahme und die Verbannung von Gegnern an bestimmte Orte gab es bereits. Und einer der Verbannungsorte war ausgerechnet die Insel Sardinien.

Wir fingen also gerade an zu spielen, als ein ganzes Polizeikorps mit Kommissar und allem drum und dran auftauchte und verlangte, eingelassen zu werden. Ich verweigerte das und erklärte dem Kommissar, dass er und seine Leute in unserem Verein Mitglied werden müssten. Da aber Ordnungskräfte laut Verfassung nicht Mitglied von unabhängigen Kulturvereinen werden könnten, täte es mir furchtbar leid, aber ich müsse ihnen den Einlass verweigern. Daraufhin gab es ein Gerangel, und sie führten mich in Handschellen ab. Ich landete im Gefängnis. Wir wurden wegen Widerstands gegen die Staatsgewalt angeklagt. Das war pure Gewalt, verstehst du? Es waren 40 Mann und wir nur sechs. Sie haben uns wie den letzten Dreck behandelt. Unterdessen warteten im Theater die Leute, und als sie erfuhren, dass ich im Gefängnis saß, haben sie sich aufgemacht und vor unseren Zellen demonstriert.

Nach einer Nacht ließ man mich schließlich gehen, und die Polizisten wurden später verurteilt – wie es sich für solche Idioten gehört. Sie wollten mich unbedingt provozieren, damit ich etwas Unbedachtes sagte und ihnen einen Vorwand lieferte, der etwas weniger absurd war. Aber ich durchschaute ihr Spiel und hielt mich zurück. Ich habe mich lieber wie ein Opferlamm in die Zelle führen lassen.

Die Stärke des Franz von Assisi

Grillo Wir besitzen mit der Komik eine starke Waffe, aber an unsere gemeinsame Linie müssen sich alle unbedingt halten.

Ich will hier noch mal an Franz von Assisi erinnern, der für uns ja eine Art Leitfigur ist. Du hast ein Stück über ihn gemacht, Dario. Was wäre passiert, wenn der Heilige Franziskus in seiner Anhängerschaft, sagen wir, drei Prälaten aus Rom gehabt hätte? Wäre es nicht das Ende der Franziskaner gewesen, wenn er sie akzeptiert hätte?

Fo Er hat sie nicht akzeptiert, aber in seiner Bewegung gab es genau solche Leute, die ihn dann auch verjagt haben! Als es im Winter anfing zu schneien und Franziskus zum Kloster zurückkehrte, schrieen sie von oben herunter: »Was willst du noch? Mach, dass du wegkommst! Geh' doch wieder zu den Leuten und erzähle von Jesus, als ob du ihn persönlich kennst. Du bist ein Nichts! Ein Dummkopf! Du kannst nicht einmal Latein! Und du willst den Armen erzählen, dass du ein Heiliger bist? Verschwinde!« Es blieb Franziskus nichts anderes übrig, als kehrt zu machen. Er zog sich in die Berge zurück und lebte einen Monat lang wie ein ausgestoßener Leprakranker bei eisiger Kälte in einer armseligen Hütte.

Dann ist er wieder da. Der Papst ist fassungslos: »Zum Teufel. Der ist stärker als wir. Er hat die Leute auf seiner Seite.« Der berühmte Kardinal Giovanni Colonna, der aus einer vornehmen römischen Familie stammte und Franziskus bewunderte, weil er so unglaublich fromm und bescheiden war, stellt ihn dem Papst vor. »Was willst du?«, fragt Innozenz III. Und Franziskus: »Ich bitte um Erlaubnis, durch die Lande ziehen und das Evangelium in meiner Sprache, also auf Italienisch, verkünden zu dürfen.« Damals war das völlig undenkbar und außerdem verboten. Gut, sagt der Papst, lassen wir ihn doch den Schweinen predigen und schauen wir mal, was er macht. »Vor der Stadtmauer gibt es einen passenden Schweinestall, Franziskus, rede mit den Schweinen und bekehre sie!« Als Franziskus, stinkend und voller Schweinemist, zurückkommt, sagt er zum Papst: »Es war wunderbar, ich habe sie geherzt und geküsst und sie haben es mit mir genauso gemacht.« Und er umarmt den Papst, der sich angeekelt aus der Umarmung löst: »Du Trottel, du bist doch voller Scheiße!« »Entschuldigung, ich bitte um Entschuldigung. Ich habe ja nur die Schweine umarmt.« Als der Papst Franziskus ins Gefängnis stecken will, greift Colonna ein. Er warnt den Papst: »Du meinst, du könntest ihn ins Gefängnis werfen und von deinen Schergen verprügeln oder gar umbringen lassen? Sieh dich bloß vor! Er ist nicht irgendjemand. Er ist der Sohn und der Vater all derer, die draußen auf dem Platz stehen und auf ihn warten. Wehe, wenn du jemandem, der eine so große Familie hat, auch nur ein Haar krümmst.« Man kannte Franziskus damals wirklich überall in der christlichen Welt.

Grillo Die Geschichte gefällt mir!

Fo Ich habe sie dir erzählt, damit du dir ein Beispiel daran nehmen kannst. Es macht den Papst kirre, dass Franziskus sich nicht provozieren lässt. Seine Feinde warten ja nur darauf, dass er vor Wut die Beherrschung verliert. Aber in diesem Falle darf man sich nicht reizen lassen. Dann ist man der Stärkere. Die anderen ahnen nämlich nicht, wie stark die Überzeugungskraft einer Idee sein kann …

Grillo Hier muss vielleicht gesagt werden, dass unsere Bewegung zwei Gesichter hat: Die Manager-, Strategie- und Kommunikationsorganisation ist das eine, und das andere ist das, was ich repräsentiere: die Straße, der Platz, die Leute.

Welchen Traum träumt die 5-Sterne-Bewegung?

Fo An dieser Stelle würde ich gern an ein anderes, sehr empfehlenswertes Buch erinnern: *Gullivers Reisen*. Der Vefasser, Jonathan Swift, ist der Meinung, dass die Menschen eine Vorstellung nicht akzeptieren, solange sie nicht für jeden unmittelbar verständlich ist. Sie suchten vielmehr immer das Banale, das Offensichtliche, das allseits Bekannte.

Das Buch handelt von einem Schiffbrüchigen, der nach England zurückkehrt und dort von seinen erstaunlichen Erlebnissen berichtet. So habe er sich mit einem Pferd unterhalten, das außergewöhnlich intelligent gewesen sei und erkannt habe, dass die Ausübung von Macht und Gewalt genauso nutzlos sei wie die Lügen und Gesetze, mit denen die Freiheit unterdrückt oder eingeschränkt werden soll. Die Erzählung versetzt die Zuhörer in Angst und Schrecken, und sie erklären den Heimkehrer für verrückt. Die Rechtsgelehrten und Geistlichen machen ihm den Prozess: »Der Wahnsinnige«, so sagen sie, »trägt ein Gift in sich, mit dem er uns verzaubern und uns unsere Reinheit und den Glauben an unsere Gesetze und Gott nehmen will.« Gulliver wird verurteilt und soll in ein Verlies gesperrt werden. Doch was macht er, als man ihn dort hinbringen will? Wie zufällig zieht er ein winziges Tier aus der Tasche, ein sprechendes Pferdchen. Angsterfüllt laufen die Menschen weg und lassen ihn ziehen.

Also, was ist euer Traum? Zeigt uns euer Pferd und bringt es zum Sprechen.

Casaleggio Die 5-Sterne-Bewegung träumt von einer direkten Demokratie, davon, dass sie selbst überflüssig wird, weil sie ihre Ziele erreicht hat. Wir wollen das System ändern, wir wollen keine neue Partei sein. In einer direkten Demokratie brauchen wir keine Parteien mehr: Alle entscheiden gleichberechtigt über alle Angelegenheiten, sei es auf lokaler oder nationaler Ebene. In diese Richtung soll es gehen.

Fo Ihr wisst ja, dass es einen Heiligen gibt, der genau das gesagt hat: Wenn alle wahre Christen sein werden und Christi Lehre befolgen, dann brauchen wir keine Religion mehr und auch kein Paradies, denn dann leben wir schon dort.

Grillo Und Matteo Renzi vom PD hat einmal gesagt, wenn seine Partei all das gemacht hätte, wovon Grillo jetzt redet, dann gäbe es die 5-Sterne-Bewegung gar nicht.

Fo Wie geistreich.

Casaleggio Jedenfalls lautet unser ganz reales Ziel: Einführung von direktdemokratischen Instrumenten, also Volksbegehren ohne Quorum und eine obligatorische Debatte über die Volksbegehren im Parlament: Wird über die Gesetzesvorlage eines Volksbegehrens im Parlament nicht debattiert, kommt es automatisch zur Volksabstimmung und gegebenenfalls zu einer absolut transparenten, fortlaufenden Beratung zwischen Wählern und Abgeordneten über das Netz. Das Parlament, das wir jetzt haben, widerspricht eindeutig den Grundsätzen der direkten Demokratie. In einer direkten Demokratie braucht man keine Abgeordneten. Die Parlamente, auch anderer Länder, sind aber durch eine hierarchische Delegationsstruktur geprägt.

Grillo Das Volksbegehren ohne Quorum wollen wir sofort einführen.

Casaleggio Wir wollen keine Entscheidungen anstelle der Bürger treffen. Wir wollen, dass die Bürger selbst entscheiden. Wir mögen unsere eigenen Vorstellungen über den Euro haben, aber die Italiener sollen selbst entscheiden, was sie wollen. Über den Euro haben damals zwei Regierungen, Prodi und Berlusconi, entschieden, sie haben eine neue Währung eingeführt, ohne uns zu fragen, und vor allem, ohne das Thema überhaupt zur Diskussion zu stellen und Argumente zu liefern, die uns vielleicht überzeugt hätten. Da muss man sich doch fragen: Wo bleibt die Demokratie? Was ist Politik heute überhaupt noch? Für die Politiker ist sie zur »Erfahrung« geworden, die sie in Talkshows als Wert verkaufen. Aber in einer Talkshow verliert die Politik ihren ideellen Kern, weil Debatten dort nur vorgetäuscht werden und eigentlich unmöglich sind.

Fo Apropos Erfahrung: Viele behaupten ja, gerade die fehlt euch und deshalb seid ihr mit den parlamentarischen Gepflogenheiten nicht vertraut. Denkt doch bloß mal an die Ausschüsse oder die parlamentarischen Regeln …

Casaleggio Wenn die Abläufe in der Abgeordnetenkammer wirklich so kompliziert sind, dass man sie kaum versteht, wird es Zeit, sie zu ändern.

Fo Da muss man sich doch nur einmal einen Gesetzesentwurf oder einen Parlamentsbeschluss anschauen. Sie umfassen viele hundert Seiten, die kein Mensch versteht, und seltsamerweise findest du dann zwischen Dutzenden anderen Dingen eine Gesetzesvorlage, über die, welch ein Zufall, niemand ein Wort verloren hat: etwa 1000 geplante Spielkasinos in ganz Italien, von denen niemand etwas mitbekommen hat. Spielhöllen, die der Staat betreibt. Darum ist es so wichtig, auf alles ein Auge zu haben und alles zu überprüfen. Überall lauern Fallstricke.

Casaleggio Ich habe mir mal den letzten Haushalt von Monti angeschaut, das sogenannte Stabilitätsgesetz. Es besteht aus völlig unverständlichen Satzgebilden. Ein Beispiel ist der Anfang von Absatz 11 des Artikels »Finanzierung von unaufschiebbaren Forderungen«: »Zur Finanzierung von Unterstützungsmaßnahmen zugunsten der Arbeitnehmerkategorien laut Artikel 24, Absatz 14 und 15 der Verordnung vom 6. Dezember 2011, Nr. 201, geändert durch Gesetz vom 22. Dezember 2011, Nr. 214, 6. Absatz 2–3., geändert durch Verordnung vom 29. Dezember 2011, Nr. 216, geändert durch Gesetz vom 24. Februar 2012, Nr. 14 und 22, geändert durch Verordnung vom 6. Juli 2012, Nr. 95, geändert durch Gesetz vom 7. August 2012, Nr. 135 …«

Die Steuerzahler, die für den Haushalt aufkommen, haben ein Recht auf verständliche Unterlagen von höchstens zehn Seiten.

Grillo Apropos Haushalt: Was unsere Schulden betrifft, gibt es meiner Meinung nach sehr interessante und auch überraschende Zahlen. Es stimmt nicht, dass wir die großen Verschwender sind: In den letzten 20 Jahren hatten wir, außer 2009 und 2010, immer höhere Einnahmen als Ausgaben, wir haben uns also durchaus vorbildlich verhalten. Und 2011 hatten wir sogar einen Primärsaldo von 16 Milliarden Euro, das heißt, wir haben weniger ausgegeben als eingenommen. Weil wir allerdings für unsere Schulden 75 Milliarden Euro Zinsen zahlen mussten, landeten wir schließlich bei einem Minus von 60 Milliarden.

Es trifft also nicht zu, dass die Italiener über ihre Verhältnisse gelebt haben; es sind unsere Schulden, die alles auffressen. Von den achtziger Jahren bis heute haben wir 480 Milliarden Euro eingespart, aber unsere Schulden, genauer gesagt unsere Schuldzinsen, kosteten uns 2350 Milliarden! Und da reden alle von einer *Ausgabenüberprüfung*!

Monti hat sich nicht korrekt verhalten, als er im letzten Moment ein Stabilitätsgesetz beschließen ließ, das über unsere nächsten 20 Jahre bestimmen wird. Mit dem Beschluss, pro Jahr 45 Milliarden Euro einzusparen, hat er schon über das Programm der künftigen Regierung entschieden. Das ist doch Wahnsinn! Er unterschreibt ein Gesetz, und dann macht er sich vom Acker. Aber das machen ja alle so. Bevor Prodi zurückgetreten ist, hat er noch ein winzigkleines Gesetz verabschiedet, mit dem er Atommüll und Energieversorgung zum nationalen Interesse erklärte. Das bedeutet, dass Regierungsentscheidungen in diesem Bereich nun alle regionalen oder kommunalen Bestimmungen außer Kraft setzen können – und sogar mithilfe der Streitkräfte durchgesetzt werden können. Wer bei einer Demo gegen eine Müllverbrennungsanlage jetzt einen Müllcontainer anzündet, kann für vier Jahre hinter Gitter kommen. Sind die denn von allen guten Geistern verlassen!

Die Präsidentenwahl

Fo Wie werdet ihr euch bei der Präsidentenwahl verhalten?

Casaleggio Ganz gleich, wer zum Kandidaten gekürt wird, es wird auf jeden Fall jemand sein, der die Märkte beruhigen soll. Das gilt für ihn noch mehr als für den Ministerpräsidenten. Und er muss international abgesegnet sein, weil unsere größten Gläubiger – wie wir wissen und bereits erwähnt haben – die Franzosen und die Deutschen sind. Die 5-Sterne-Bewegung wird eine Entscheidung treffen, wenn die Kandidaten feststehen, aber wenn wir selber einen Kandidaten stellen können, werden wir mit Sicherheit nicht für einen Berufspolitiker oder Monti stimmen.

Wenn die 5-Sterne-Bewegung mit ihrem Kandidaten nicht gewinnt, aber bei der Wahl des Staatspräsidenten eine entscheidende Rolle spielen sollte, hätten die Politiker ein nicht unerhebliches Problem. Denn wir lassen uns auf keine Kompromisse ein, und das wissen sie genau.

Fo Ich habe den Eindruck, dass der Staatspräsident in Italien immer mehr Gewicht erhalten hat. Das gilt vor allem für Napolitano, der ja den parteilosen Monti und damit eine Wende in der italienischen Politik durchgesetzt hat.

Casaleggio Ich habe mir vor einigen Monaten einmal angeschaut, welche Rechte der Staatspräsident hat. Seine Macht scheint mir die eines Monarchen zu sein. Er besitzt Hoheitsrechte und unbeschränkte Rechte. In jeder Regierungskrise reden alle von mehr Rechten für den Staatspräsidenten, in Wirklichkeit hat er schon viel zu viel Macht.

Napolitano hat Libyen, einem alliierten Land, den Krieg erklärt und damit gegen Verfassungsartikel 11 verstoßen, in dem es heißt: »Italien lehnt den Krieg als Mittel des Angriffes auf die Freiheit anderer Völker und als Mittel zur Lösung internationaler Streitigkeiten ab.« Er hat in einer Nacht- und Nebelaktion nicht nur Professor Monti zum Senator auf Lebenszeit ernannt, ihn, ohne dass es freie Wahlen gab, als Ministerpräsidenten eingesetzt und in seiner ersten Amtszeit auch die nationale Gesetzgebung (eigentlich ein Vorrecht des Parlaments) beeinflusst. Noch dazu hat er eindeutig verfassungswidrige Gesetze wie das Immunitätsgesetz »Lodo Alfano« unterschrieben statt ans Parlament zurückzuverweisen, und er hat in seinen öffentlichen Reden eine politische Kraft diskriminiert, die er allerdings nicht beim Namen genannt hat: die 5-Sterne-Bewegung.

Die Rechte des Staatspräsidenten müssen beschnitten werden. Ein Beispiel sind die Senatoren auf Lebenszeit. Der Präsident hat das Recht, fünf Senatoren zu bestimmen, und weil die Differenz zwischen Regierungs- und Oppositionssitzen im Senat so minimal ist, kann er damit den Wählerwillen verfälschen. Der Präsident wird für sieben Jahre gewählt, das ist eine längere Amtszeit als bei jedem anderen Amt. Laut Artikel 87 unserer Verfassung ist er Oberbefehlshaber der Streitkräfte und Vorsitzender des Obersten Gerichtsrats (auch laut Artikel 104), er kann Begnadigungen gewähren und Strafen umwandeln. Laut Artikel 88 hat er das Recht, Abgeordnetenkammer und Senat aufzulösen, und laut Artikel 90 trägt er keine Verantwortung für Handlungen in Ausübung seines Amtes, abgesehen von Hochverrat oder einem Angriff auf die

Verfassung. Aber ist die Unterzeichnung eines verfassungswidrigen Gesetzes etwa kein Angriff auf die Verfassung? Artikel 92 berechtigt den Staatspräsidenten, den Ministerpräsidenten zu ernennen. Er kann (Artikel 126) den Regionalrat auflösen und den Präsidenten des Regionalausschusses seines Amtes entheben, er ernennt ein Drittel der Richter des Verfassungsgerichtshofs (Artikel 135). Im Übrigen darf man Gott beleidigen, aber nicht den Staatspräsidenten. Artikel 278 unseres Strafgesetzbuches besagt: »Wer die Ehre oder den Ruf des Staatspräsidenten beschädigt, ist mit einer Freiheitsstrafe von einem bis fünf Jahren zu bestrafen.«

Begegnung mit anderen Bewegungen

Fo Noch etwas anderes ist häufig zu hören, wenn es um die 5-Sterne-Bewegung geht: Wenn sie ins Parlament einzieht, dann muss sie sich ja mit jemandem verbünden. Man kann im Parlament kein Einzelkämpfer sein.

Grillo Wir schließen kein Bündnis mit anderen Parteien, aber wir verbünden uns mit anderen Bewegungen und Gruppierungen. Wir werden Bündnispartner haben, und ob!

Fo Aber die Politiker verachten jede Politik von unten, sie wollen Parteien, die angeblich Ausdruck der Zivilgesellschaft sind ...

Grillo Sie wollen von den Bewegungen nichts wissen, sie instrumentalisieren sie für ihre Wahlzwecke und verstecken sich dann hinter der Zivilgesellschaft.

Fo Ich glaube, die Politiker haben das Konzept der Zivilgesellschaft jahrelang für einen Witz gehalten, sie haben es völlig unterschätzt. Ihr habt der Zivilgesellschaft ihre politische Bedeutung zurückgegeben.

Casaleggio In seinem Buch *Wir sind der Wandel** hat der Umweltschützer Paul Hawken die aktuellen spontanen Vereinigungen und Bewegungen als den größten politischen Akteur in der Geschichte der Menschheit bezeichnet. Er spricht von einem scheinbar unsichtbaren Universum aus zehntausenden Gruppen und Komitees, die parallel zur offiziellen Politik aktiv sind, häufig länderübergreifend zusammenwirken und gemeinsame Ziele verfolgen wie höhere Lebensqualität, Frieden, Umweltschutz oder den Schutz von sozial Schwachen und Minderheiten. Mit Dutzenden dieser Bewegungen pflegen wir enge Kontakte, zum Beispiel mit »Afa Centro Reul« in Genua, dem bedeutenden und einzigen Zentrum für gehörlose Kinder und Jugendliche in Italien, mit »Ageranvi«, einer Mailänder Vereinigung von Eltern blinder und sehbehinderter Kinder, die Wochenendausflüge ins Grüne organisiert, damit ihre Kinder unabhängiger werden, mit dem Verein »Sightsavers Italia«, der sich um die Behandlung von Augenkrankheiten in Entwicklungsländern kümmert, mit den Gegnern neuer Hochgeschwindigkeitsstrecken »NoTAV«, den Gegnern der US-Militärbasis in Vicenza »No Dal Molin«, mit »Smile Train«, die sich um

---

* Paul Hawken: *Wir sind der Wandel: Warum die Rettung der Erde bereits voll im Gang ist – und kaum einer es bemerkt.* Hans-Nietsch-Verlag, Emmendingen, 2010. *Blessed Unrest. How the Largest Movement in the World Came Into Being and Why No One Saw It Coming.* Penguin Books, New York, London, 2008.

Kinder kümmern, die mit Hasenscharte geboren wurden, mit Greenpeace und so weiter. Die meisten sind dankbar für jede Unterstützung.

Fo Und wie helft ihr ihnen?

Casaleggio Wir unterstützen sie beim Fundraising und sorgen für mehr Sichtbarkeit. Aber halt! Wir sind da! Wir haben unser Ziel erreicht!

Fo Richtig, da ist ja die Akropolis von Athen, mit ihrem monumentalen Torbau, den Propyläen, und da der Parthenon, der Tempel der Pallas Athene, und das Akropolis-Museum ... und direkt darunter das Dionysostheater. Und hier sehe ich eine Bar, wo wir draußen sitzen können. Lasst uns doch einen Moment ausruhen und die Aussicht genießen. Ich mache euch einen Vorschlag. Wir genehmigen uns ein kühles Bier, und ich trage euch die Rede vor, die Perikles 431 v. Chr. vor den Bürgern Athens gehalten hat.

Grillo Aber die kennen wir doch längst.

Fo Ich weiß, aber wahrscheinlich nur in Auszügen. Ich möchte, dass ihr sie einmal vollständig hört, damit ihr versteht, warum diese Rede eines der großartigsten politisch-gesellschaftlichen Zeugnisse ist, die die Menschheit besitzt. Hört genau zu, es ist Perikles, der spricht.

HIER IN ATHEN HALTEN WIR ES SO

Hier steht unsere Regierung auf der Seite der Vielen und nicht der Wenigen; deshalb nennen wir uns Demokratie.

Hier in Athen halten wir es so.

Unsere Gesetze gewährleisten bei Streitigkeiten der Bürger gleiches Recht für alle, aber wir vergessen nie, außergewöhnliche Verdienste von Bürgern zu würdigen.

Wenn ein Bürger sich Ansehen erworben hat, dann werden wir ihn eher als andere bitten, dem Staate zu dienen, aber dies ist nicht als Vorrecht, sondern als Lohn für Verdienste zu verstehen, und Armut stellt dabei kein Hindernis dar.

Hier in Athen halten wir es so.

Die Freiheit, deren wir uns erfreuen, genießen wir auch in unserem täglichen Leben. Wir verdächtigen uns nicht gegenseitig und ärgern unseren Nächsten nicht, wenn er so lebt, wie es ihm gefällt. Wir sind frei. Wir sind frei, so zu leben, wie es uns gefällt, und vor allem sind wir bereit, uns jederzeit der Gefahr zu stellen.

Ein Athener Bürger vernachlässigt keine öffentlichen Angelegenheiten, weil er sich um private Dinge kümmert, und vor allem versucht er nicht, private Dinge mithilfe öffentlicher Angelegenheiten zu klären.

Hier in Athen halten wir es so.

Wir haben gelernt, die Gerichte zu achten, und wir haben

auch gelernt, die Gesetze zu achten und niemals zu vergessen, dass wir diejenigen beschützen müssen, denen Unrecht geschieht.

Und wir haben gelernt, die ungeschriebenen Gesetze zu achten, die auf dem allgemeinen Gefühl der Gerechtigkeit und auf dem gesunden Menschenverstand beruhen.

Hier in Athen halten wir es so.

Wenn sich ein Mann nicht für den Staat interessiert, betrachten wir ihn nicht als naiv, sondern als nutzlos. Und obwohl nur wenige in der Lage sind, die Politik mit Leben zu füllen, sind wir in Athen doch alle in der Lage, die Politik zu beurteilen.

Wir betrachten Debatten nicht als Hindernis für die Demokratie.

Wir glauben, dass Glück aus Freiheit erwächst, aber dass Freiheit nur aus Tapferkeit erwachsen kann.

Ich erkläre also, dass Griechenland von den Athenern lernen kann und dass jeder Athener, der aufwächst, vielfältige Begabungen, Selbstvertrauen und eine mutige Gesinnung in sich ausbildet. Und darum ist unsere Stadt eine weltoffene Stadt, die niemals einen Fremden aus ihren Mauern verjagt.

Hier in Athen halten wir es so.

DIE AUTOREN

Dario Fo wird am 24. März 1926 in San Giano, in der Provinz Varese, geboren, wo sein Vater als Bahnhofsvorsteher arbeitet. Nach dem Abitur am Kunstgymnasium besucht er die Technische Hochschule, entdeckt aber bald seine Begabung für Theater und Satire. Er fängt an, Texte für den Rundfunk zu schreiben, dann folgt sein Bühnendebüt mit Franco Parenti und Giustino Durano. Es ist der Beginn einer erfolgreichen, langen Karriere, die ihm viel Zuspruch, aber auch Kritik einbrachte. Seine politischen Komödien, die auf die Populärkultur und das tagespolitische Geschehen Bezug nehmen, haben eine ganze Epoche und mehrere Generationen geprägt und die internationalen Bühnen erobert. 1997 erhielt er den Nobelpreis für Literatur. Alle seine Komödien, die er größtenteils zusammen mit Franca Rame verfasste, werden nach wie vor aufgeführt. Sie sind bei Einaudi erschienen, viele von ihnen sind auch in den Katalogen der großen internationalen Verlagshäuser vertreten. Zu den wichtigsten Publikationen, die auf Deutsch erschienen sind und allesamt von Peter O. Chotjewitz übersetzt wurden, zählen:

– *Zufälliger Tod eines Anarchisten*, Frankfurt am Main 1977

- *Bezahlt wird nicht!*, Berlin 1977
- *Obszöne Fabeln. Mistero buffo*, Berlin 1984
- *Mamma hat den besten Shit*, Berlin 1989

Zu den jüngsten Publikationen gehören:

- *La Bibbia dei villani* (Guanda 2010), *Arlecchino* (dvd, Einaudi 2011)
- *Picasso desnudo* (Panini 2012)

Gianroberto Casaleggio ist Präsident und Gründungssozius der Consulting Gesellschaft für Netzwerkstrategien *Casaleggio Associati*, die auch den Blog www.beppegrillo.it verwaltet. Er ist Mitbegründer des *MoVimento 5 Stelle (5-Sterne-Bewegung)* und Organisator der V-Days. Zuvor war er als Geschäftsführer, Präsident und Vorstandsmitglied von Technologieunternehmen tätig. Er ist Autor der Bücher

- *Il web è morto, viva il web* (Pro Sources 2011)
- *Movie Bullets* (IlSole24ore 1998)
- *WebDixit* (IlSole24ore 2003)
- *Web ergo sum* (Sperling & Kupfer 2004)

Für den Verlag Chiarelettere verfasste er zusammen mit Beppe Grillo das Buch *Siamo in guerra* (2011).

Beppe Grillo ist Komiker, Schauspieler, politischer Aktivist und Blogger. Sein Blog gehört zu den bekanntesten in italienischer Sprache und belegt in einem von Forbes pu-

blizierten internationalen Ranking den 7. Platz. Als För-
derer eines Diskussionsforums mit vielen tausend Teilneh-
mern rief er zu zahlreichen Unterschriftensammlungen
für seine Anliegen auf und unterstützte im Jahr 2009 die
Gründung der nationalen politischen Bewegung *MoVimento 5 Stelle*, der 5-Sterne-Bewegung. Bei Chiarelettere
ist unter Mitwirkung von Gianroberto Casaleggio das
Buch *Siamo in guerra* erschienen (2011). Weitere Publikationen jüngeren Datums sind:

- *Beppe Grillo is back* (Rizzoli 2011)
- *Spegniamo il nucleare. Manuale di sopravvivenza
  alle balle atomiche* (Rizzoli 2011)
- *Tutte le battaglie di Beppe Grillo* (Tea 2011)
- *Tutto quello che non sapete è vero* (Tea 2011)
- *Alta voracità. Fermiamo la politica che si sta mangiando
  il nostro paese* (Rizzoli 2012).

LISTE DER PARTEIEN
UND WAHLBÜNDNISSE*

Fare = Fare per fermare il declino (Tun, um den Niedergang zu stoppen), des liberalen Wirtschaftsjournalisten Oscar Giannino, der sich als radikaler Reformer anbietet, erhält 1,1 %.

IDV = Italia dei Valori (Italien der Werte), des früheren Staatsanwalts Antonio Di Pietro, bei den Wahlen 2013 im Bündnis von Rivoluzione Civile zur Bedeutungslosigkeit geschrumpft.

Lega Nord = Liga Nord für die Unabhängigkeit Padaniens, unter Roberto Maroni, rechtspopulistischer traditioneller Bündnispartner Berlusconis, bei Wahlen 2013 4 %.

Lista Arcobaleno [Regenbogen] = Sammelbewegung der in Italien ziemlich unbedeutenden Grünen, bei diesen Wahlen im Bündnis mit Rivoluzione Civile/Ingroia. Grüne Themen haben nun mit dem M5S erstmals die Chance, in der italienischen Politik ernst genommen zu werden.

---

* Die hier genannten Parteien und Wahlbündnisse haben an den Wahlen im Februar 2013 teilgenommen.

M5S = Movimento 5 Stelle, hat auf Anhieb 25,5 % der Stimmen bei den Parlamentswahlen im Februar 2013 erhalten.

PD = Partito Democratico, Sammelpartei des Mitte-Links-Lagers, ist unter dem Parteivorsitzender Pier Luigi Bersani bei den Wahlen im Februar 2013 mit knapp 30 Prozent stärkste Partei geworden.

PDL = Popolo delle Libertà (Volk der Freiheiten), Mitte-Rechts-Bündnis unter Silvio Berlusconi, hat 29 % geholt.

Rivoluzione civile, links-grünes Bündnis unter dem früheren Staatsanwalt Antonio Ingroia, hat 2,2 % bekommen.

Scelta civica = Bürgerliche Entscheidung, Mario Montis Bündnis der Mitte mit christdemokratischen Resten, erzielte 10 Prozent der Stimmen.

SEL = Sinistra, ecologia, libertà (Linke, Ökologie, Freiheit), Sammelliste von Linken und Grünen, hat unter Nichi Vendola 3,2 % erreicht.